220 recettes de salades gourmandes

ARTÉMIS ÉDITIONS

Ouvrage collectif créé par Losange
Avec la collaboration de Patrick André, Philippe Chavanne,
Guillaume Mourton, Séverine Gaonac'h, Claire Nugeyre

ISBN : 978-2-8160-0899-9
Dépôt légal : avril 2016

Achevé d'imprimer : mars 2016
Imprimé en Pologne par Edica

SOMMAIRE

Sauces 4

Légumes 18

Pâtes & riz 76

Poissons & fruits de mer 122

Viandes 154

Fruits 188

INDEX 222

Mayonnaise

Assez facile : 4 personnes : 10 min

- 2 jaunes d'œufs
- 1 c. à c. de moutarde
- 30 cl d'huile (de tournesol, d'arachide ou d'olive)
- Sel, poivre

1. Veillez à ce que tous les ingrédients de la mayonnaise soient bien à la même température.

2. Déposez les jaunes d'œufs dans un grand bol. Ajoutez la moutarde, une pincée de sel et du poivre. Mélangez le tout avec un fouet pendant environ 1 min.

3. Ajoutez l'huile, d'abord goutte à goutte, puis en filet dès que le mélange commence à prendre. Accentuez le débit de l'huile tout en continuant à fouetter régulièrement. Goûtez et rectifiez l'assaisonnement.

Mayonnaise *à l'antillaise*

Facile : 4 personnes : 10 min

- 1 jaune d'œuf
- 1 c. à c. de moutarde
- 20 cl d'huile
- 1 filet de rhum
- Le jus d'un citron vert
- Sel, poivre

1. Veillez à ce que tous les ingrédients de la mayonnaise soient bien à la même température.

2. Déposez le jaune d'œuf dans un bol. Ajoutez la moutarde, une pincée de sel et du poivre. Mélangez avec un fouet pendant environ 1 min.

3. Ajoutez l'huile, d'abord goutte à goutte, puis en filet dès que le mélange commence à prendre. Accentuez le débit de l'huile tout en continuant à fouetter régulièrement. Ajoutez le citron et le rhum. Goûtez et rectifiez l'assaisonnement.

Mayonnaise. ▶

Sauce aïoli

Facile : 4 personnes : 15 min : 30 min

- 2 pommes de terre (150 g)
- 4 gousses d'ail
- 3 jaunes d'œufs
- 20 cl d'huile d'olive
- 1 pincée de gros sel
- Sel, poivre

1. Lavez les pommes de terre. Mettez-les dans une casserole avec de l'eau froide et du sel. Portez à ébullition et laissez cuire 30 min. Égouttez-les et épluchez-les. Laissez refroidir.

2. Épluchez les gousses d'ail, coupez-les en deux et ôtez leur germe. Écrasez-les dans un mortier.

3. Ajoutez les pommes de terre et les jaunes, pilez le tout, puis incorporez progressivement l'huile d'olive. Ajoutez le gros sel et poivrez. Mélangez bien.

Sauce roquefort

Facile : 4 personnes : 5 min

- 25 cl de vinaigrette
- 50 g de roquefort
- 5 cl de porto

1. Écrasez le roquefort à la fourchette et mélangez-le avec le porto.

2. Incorporez le tout à la vinaigrette.

Sauce aïoli. ▶

Sauce cocktail

Facile | 4 personnes | 15 min

- 1 jaune d'œuf
- 1 c. à s. de moutarde
- 1 c. à s. de vinaigre
- 20 cl d'huile
- 2 c. à s. de ketchup
- 1 c. à s. de cognac
- 1 c. à c. de sauce Worcestershire
- Quelques gouttes de Tabasco

1. Dans un bol, fouettez la moutarde avec le jaune d'œuf et le vinaigre, puis ajoutez petit à petit l'huile tout en continuant de fouetter.

2. Ajoutez tous les autres ingrédients à cette mayonnaise et mélangez bien.

Sauce mousseline

Difficile | 1 litre environ | 20 min | 15 min

- 20 cl de crème fraîche liquide

Pour la sauce hollandaise :

- 8 jaunes d'œufs
- 500 g de beurre en morceaux
- Le jus d'un citron
- 2 pincées de piment de Cayenne
- Sel, poivre

1. Faites fondre le beurre et laissez-le se clarifier (séparation avec le petit-lait, 55-60 °C). Ôtez le petit-lait qui se forme en surface. L'autre partie reste au fond du récipient.

2. Placez les jaunes d'œufs dans une casserole avec un fond d'eau. Fouettez à feu très doux jusqu'à ce que l'on voie le fond de la casserole (consistance mousseuse, onctueuse).

3. Hors du feu, incorporez progressivement le beurre clarifié en fouettant énergiquement. Ajoutez le jus de citron, le piment de Cayenne et assaisonnez le tout.

4. Montez la crème très froide en chantilly. À l'aide d'une spatule, incorporez délicatement la crème fouettée à la sauce hollandaise.

Sauce cocktail. ▶

Sauce ravigote

Facile | 4 personnes | 5 min

- 20 cl de vinaigrette
- 1 petit oignon
- 1 c. à c. de moutarde forte
- 1 c. à s. de câpres au vinaigre
- 1 c. à s. de fines herbes ciselées (ciboulette, persil, estragon)
- Sel, poivre

1. Pelez et hachez finement l'oignon.

2. Ajoutez la moutarde et l'oignon haché à la vinaigrette, ainsi que les câpres au vinaigre égouttées et les fines herbes ciselées.

3. Goûtez et rectifiez l'assaisonnement, qui doit être bien relevé.

Sauce moutarde à la crème

Facile | 4 personnes | 5 min

- 3 c. à s. de moutarde forte
- 1 citron
- 20 cl de crème fraîche épaisse
- Sel, poivre

1. Pressez le citron.

2. Dans un bol, mélangez la moutarde et le jus de citron, assaisonnez. Versez petit à petit la crème tout en fouettant comme pour une mayonnaise.

Sauce ravigote. ▶

Vinaigrette au jus de pomelo

Facile | 4 personnes | 3 min

- 1 cl de vinaigre de cidre
- 1 pomelo
- 20 g de miel
- 6 cl d'huile d'olive
- Curry
- Paprika
- Sel, poivre cinq baies

1. Pressez le pomelo.

2. Mélangez le vinaigre, le jus du pomelo, le miel, le curry et le paprika. Salez, poivrez et mélangez bien, puis montez à l'huile d'olive.

Vinaigrette aux herbes

Facile | 4 personnes | 3 min

- 1 gousse d'ail hachée
- 1 c. à c. de persil haché
- 1 c. à c. de ciboulette émincée
- 1 c. à c. de cerfeuil haché
- 1 c. à c. de coriandre hachée
- 2 ou 3 baies roses concassées
- 1 c. à s. de moutarde
- 2 c. à s. de vinaigre de xérès
- 4 c. à s. d'huile d'olive
- Sel, poivre

1. Mélangez l'ail avec la moutarde, le sel, le poivre et le vinaigre. Puis incorporez l'huile d'olive et les herbes hachées.

2. Assaisonnez une salade de légumes, par exemple, avec cette vinaigrette.

Vinaigrette à la tomate

Facile | 4 personnes | 3 min

- 8 tomates confites
- 1 pincée de sucre
- 1 pincée de persil haché
- 1 gousse d'ail hachée
- 1 c. à c. de moutarde
- Le jus d'un citron
- 2 c. à s. de vinaigre de vin
- 5 c. à s. d'huile d'olive
- Sel, poivre

1. Dans un bol de mixeur, mettez les tomates, l'ail, le jus de citron, le vinaigre, le sucre et la moutarde. Assaisonnez et mixez, puis incorporez l'huile d'olive petit à petit.

2. Ajoutez le persil haché et assaisonnez une salade de légumes grillés, par exemple.

Vinaigrette au jus de pomelo. ▶

Vinaigrette aigre-douce

Facile | 4 personnes | 3 min

- 2 cl de vinaigre de cidre
- 1 c. à c. de miel
- 6 cl d'huile d'olive
- Curry
- Sel, poivre cinq baies

1. Mélangez le vinaigre de cidre, le miel, le sel, le poivre et le curry, puis montez à l'huile d'olive.

Vinaigrette fromage blanc-ciboulette

Facile | 4 personnes | 10 min

- 150 g de fromage blanc à la faisselle
- 2 cl de vinaigre de cidre
- 50 g de ciboulette
- 2 échalotes
- 6 cl d'huile d'olive
- Sel, poivre cinq baies

1. Épluchez et hachez les échalotes. Lavez, puis ciselez la ciboulette.

2. Mélangez le fromage blanc et le vinaigre de cidre. Salez et poivrez, puis ajoutez les échalotes et la ciboulette. Montez à l'huile d'olive.

Vinaigrette au yaourt épicé

Facile | 4 personnes | 10 min

- 1 yaourt
- 50 g de basilic
- 1 oignon doux
- 2 cl de vinaigre de cidre
- 6 cl d'huile d'olive
- Curry
- Sel, poivre

1. Pelez et émincez l'oignon doux, puis mélangez-le au yaourt. Hachez le basilic et ajoutez-le à la préparation.

2. Ajoutez le vinaigre de cidre et le curry, salez et poivrez. Mélangez bien et montez à l'huile d'olive.

Vinaigrette aigre-douce. ▶

VINAIGRETTE À LA MOUTARDE et aux épices

FACILE | 4 PERSONNES | 10 MIN

- 2 cl de vinaigre de vin
- 2 échalotes
- 15 g de moutarde à l'ancienne
- 15 g de moutarde artisanale
- 4 cl d'huile de pépins de raisin
- 2 cl d'huile de noix
- Noix de muscade
- Quatre-épices
- Sel, poivre

1. Pelez et hachez les échalotes. Placez-les dans un récipient.
2. Ajoutez le vinaigre de vin, les deux moutardes, le quatre-épices et la noix de muscade. Salez et poivrez et mélangez bien.
3. Montez à l'huile de pépins de raisin et ajoutez l'huile de noix sur le plat au moment de servir.

VINAIGRETTE FAÇON ASIATIQUE

FACILE | 4 PERSONNES | 5 MIN

- 1,5 cl de vinaigre balsamique
- 1 cl de nuoc-mâm
- 1 cl de sauce de soja
- 6 cl d'huile d'olive
- Curry
- Poivre

1. Mélangez le vinaigre, le nuoc-mâm, la sauce de soja et le curry.
2. Poivrez, mélangez 2 min et montez l'huile d'olive.

VINAIGRETTE À LA CONFITURE DE FRAMBOISES

FACILE | 4 PERSONNES | 5 MIN

- 1 c. à c. de confiture de framboises
- 2 cl de vinaigre balsamique
- 10 g de fond de veau
- 6 cl d'huile d'olive
- Sel, poivre cinq baies

1. Faites légèrement chauffer le vinaigre balsamique. Ajoutez la confiture de framboises et le fond de veau, mélangez bien. Salez et poivrez.
2. Montez le tout à l'huile d'olive.

Vinaigrette à la moutarde et aux épices. ▶

Salade d'aubergines frites

Facile | 4 personnes | 15 min | 20 min

- 1 gousse d'ail
- 500 g d'aubergines
- 100 g de farine
- 10 cl d'huile d'olive
- 1 c. à s. de persil haché
- 1 pincée de piment doux en poudre
- Le jus d'un citron

1. Pelez et hachez la gousse d'ail. Lavez les aubergines, essuyez-les et éliminez leurs extrémités. Sans les éplucher, coupez-les en rondelles d'environ 0,5 cm d'épaisseur. Farinez-les sur toutes les faces.

2. Versez l'huile d'olive dans une poêle et faites chauffer. Faites-y frire les rondelles d'aubergines, puis égouttez-les et disposez-les sur un plat de service. Saupoudrez-les de persil, d'ail haché, de piment et arrosez de jus de citron.

Salade de printemps

Facile | 4 personnes | 25 min | 20 min

- 200 g de haricots verts
- 1 blanc de poireau
- 2 tomates
- 3 ou 4 bouquets de chou-fleur
- Un demi-concombre
- 6 champignons de Paris
- 1 citron
- 4 petits oignons nouveaux
- Quelques radis roses
- 1 tasse de vinaigrette aux fines herbes
- Sel, poivre

1. Effilez les haricots verts et cassez-les en deux. Mettez de l'eau salée à bouillir dans une grande casserole. Faites-y cuire les haricots verts pendant 18 à 20 min. Ils doivent rester fermes.

2. Épluchez et lavez le blanc de poireau. Coupez-le en rondelles. Pelez les tomates après les avoir plongées pendant 1 min dans de l'eau bouillante.

3. Détaillez les bouquets de chou-fleur et rincez-les. Pelez le concombre et coupez-le en rondelles.

4. Quand les haricots verts sont cuits, rafraîchissez-les à l'eau froide. Ne jetez pas l'eau bouillante de cuisson et faites-y blanchir les rondelles de blanc de poireau pendant 1 min. Égouttez-les et rincez-les à l'eau froide.

5. Enlevez le pied sableux des champignons. Rincez les têtes et citronnez-les. Coupez-les en tranches. Pelez les oignons nouveaux et coupez-les en deux. Épluchez et rincez les radis. Coupez-les en rondelles.

6. Déposez tous les ingrédients dans le saladier. Versez la vinaigrette dessus et mélangez. Servez frais.

Salade d'aubergines frites. ▶

Salade de cresson et betterave

Facile : 4 personnes : 25 min : 6 min

- 4 petites betteraves
- 1 botte de cresson
- 1 petit bouquet de persil
- 60 g de pignons de pin
- 8 œufs de caille
- 4 tranches fines de poitrine fumée
- 4 c. à s. d'huile d'olive
- 1 c. à s. de vinaigre
- Sel, poivre

1. Épluchez les betteraves, râpez-les comme des carottes, puis assaisonnez-les avec le sel et le poivre, la moitié de l'huile et du vinaigre.

2. Triez et lavez le cresson, puis assaisonnez-le avec l'autre moitié de l'huile et du vinaigre. Triez, lavez, hachez le persil.

3. Plongez les œufs de caille dans de l'eau bouillante salée et laissez-les cuire 3 min. Passez-les sous l'eau froide, écalez-les.

4. Dans une poêle sans matière grasse, faites dorer les pignons de pin, puis les tranches de lard jusqu'à ce qu'elles croustillent.

5. Dans des bols, déposez un lit de cresson, les betteraves, le persil, les œufs de caille, les pignons et le lard.

Salade de roquette aux ravioles et vinaigrette balsamique

Facile : 4 personnes : 20 min : 5 min

- 250 g de roquette
- 150 g de ravioles de Romans
- 100 g de comté
- 2 c. à s. de crème fraîche épaisse
- 1 bouquet de ciboulette
- 5 c. à s. d'huile d'olive
- 2 c. à s. de vinaigre balsamique
- Sel, poivre

1. Triez et lavez la roquette. Détaillez le comté en lamelles fines à l'aide d'un couteau-économe. Lavez et coupez la ciboulette finement.

2. Mélangez l'huile d'olive avec le vinaigre balsamique, salez et poivrez.

3. Mettez les ravioles à cuire dans un grand volume d'eau salée, puis égouttez-les.

4. Dans la casserole hors du feu, ajoutez la crème fraîche et mélangez avec les ravioles.

5. Dans un saladier, assaisonnez la roquette avec la vinaigrette, ajoutez les ravioles et le comté. Parsemez de ciboulette avant de servir.

Salade de cresson et betterave. ▶

Salade tiède de champignons

à la saveur de thym

Facile | 4 personnes | 25 min | 20 min

- 1 kg de champignons de Paris
- 1 citron
- 2 gousses d'ail
- 1 échalote
- 30 g de beurre
- 1 brin de thym
- 1 filet de vinaigre balsamique
- Sel, poivre

1. Lavez les champignons sans les faire tremper dans l'eau. Éliminez le pied sableux, puis émincez finement les têtes. Arrosez-les de jus de citron.

2. Pelez et émincez les gousses d'ail. Épluchez et émincez l'échalote.

3. Mettez le beurre dans une sauteuse et faites chauffer. Sur feu moyen, faites-y cuire les champignons, les gousses d'ail, les échalotes et le brin de thym pendant 10 min, sans cesser de remuer. Baissez ensuite le feu et poursuivez la cuisson pendant encore 10 min, pour faire réduire.

4. En fin de cuisson, salez et poivrez la préparation. Retirez le brin de thym et arrosez d'un trait de vinaigre balsamique. Mélangez délicatement et servez tiède.

Salade de poivrons grillés,

basilic et pignons de pin

Facile | 4 personnes | 10 min | 20 min | Repos : 1 h

- 1 poivron rouge
- 1 poivron vert
- 1 poivron jaune
- 1 poivron orange
- 30 g de pignons de pin
- 10 feuilles de basilic
- 1 gousse d'ail hachée
- Le jus d'un citron vert
- 5 cl d'huile d'olive
- Sel, poivre

1. Lavez les poivrons et posez-les sur un plat huilé. Enfournez-les à 190 °C (th. 6) et laissez-les griller 20 min, en les retournant au bout de 10 min. Sortez-les du four, mettez-les dans un sac en plastique et fermez-le. Laissez refroidir pendant 10 min.

2. Faites colorer les pignons de pin à sec dans une poêle pendant 1 min.

3. Épluchez et épépinez les poivrons, puis coupez-les en lanières. Mettez-les dans un saladier et ajoutez les pignons de pin, l'huile d'olive, l'ail haché, le jus de citron et assaisonnez. Recouvrez le plat d'un film plastique et laissez reposer pendant 1 h au frais.

4. Émincez les feuilles de basilic. Au moment de servir, ajoutez-les à la salade et mélangez.

Salade tiède de champignons à la saveur de thym. ▶

Salade de légumes tièdes

Assez facile : 8 personnes : 20 min : 10 min

- 6 navets nouveaux
- 4 petits poireaux
- 500 g de haricots verts
- 1 belle orange
- Une demi-botte de persil
- 1 oignon rouge
- Fleur de sel

Pour la vinaigrette :

- 1 c. à c. de moutarde forte
- 1/2 c. à s. d'huile d'olive
- 1 c. à c. de vinaigre de cidre
- Sel, poivre

1. Épluchez les navets et détaillez la chair en tranches.

2. Coupez les racines et le bout des feuilles des poireaux. Enlevez les feuilles flétries. Rincez-les ensuite sous un filet d'eau froide. Écossez les haricots verts, puis lavez-les sous l'eau.

3. Remplissez une marmite d'eau froide salée et portez-la ébullition. Faites-y cuire les légumes pendant 10 min.

4. Pendant ce temps, pelez l'orange, coupez-la en rondelles, puis en bâtonnets. Rincez le persil, puis hachez-le finement. Épluchez l'oignon rouge et coupez-le en lamelles.

5. Préparez la vinaigrette : dans un bol, mélangez la moutarde avec le vinaigre, le poivre, le sel et l'huile d'olive.

6. Répartissez un peu de chaque légume dans 4 assiettes. Ajoutez les morceaux d'orange et les lamelles d'oignon rouge. Versez l'assaisonnement dessus, puis saupoudrez de fleur de sel et de persil. Servez bien chaud.

Salade pimentée de tomates aux oignons nouveaux

Facile : 4 personnes : 25 min : Repos : 30 min

- 1 kg de tomates
- 4 oignons nouveaux, avec les tiges
- 1 pincée de piment
- 5 cl d'huile d'olive
- 2 cl de vinaigre de vin rouge
- Quelques feuilles de basilic frais
- Sel, poivre

1. Pelez les tomates et retirez le pédoncule. Coupez ensuite chaque tomate en rondelles et disposez celles-ci dans un plat de service, en les faisant légèrement se chevaucher.

2. Émincez finement les oignons, tiges comprises, et répartissez-les sur les tomates. Assaisonnez de piment, de sel et de poivre à votre goût, puis arrosez d'huile d'olive et de vinaigre.

3. Décorez enfin avec les feuilles de basilic et laissez reposer pendant 30 min au frais, avant de servir.

Salade de légumes tièdes. ▶

SALADE DE ROQUETTE *croquante*

FACILE · 4 PERSONNES · 20 MIN · 5 MIN

- ✔ 200 g de roquette
- ✔ 100 g de haricots mangetout
- ✔ 1 botte d'asperges
- ✔ 2 c. à s. de vinaigre de Xérès
- ✔ 3 c. à s. d'huile d'olive
- ✔ 1 pointe d'ail haché
- ✔ Sel, poivre

1. Gardez juste les pointes des asperges. Faites-les cuire pendant 5 min dans une grande quantité d'eau salée, rafraîchissez dans de l'eau froide et égouttez.

2. Plongez les haricots mangetout dans une grande quantité d'eau salée bouillante pendant 1 min, rafraîchissez-les dans de l'eau froide et égouttez.

3. Mélangez les ingrédients, salez et poivrez. Servez aussitôt.

SALADE DE HARICOTS VERTS *à la feta*

FACILE · 4 PERSONNES · 15 MIN · 15 MIN

- ✔ 600 g de haricots vert
- ✔ 200 g de feta
- ✔ 5 c. à s. d'huile d'olive
- ✔ 2 c. à s. de vinaigre de xérès
- ✔ 1 c. à s. de jus de citron
- ✔ 1 c. à s. de coriandre hachée
- ✔ Une demi-gousse d'ail hachée
- ✔ Sel, poivre

1. Équeutez les haricots et faites-les cuire dans une grande quantité d'eau bouillante salée pendant 15 min. Passez-les sous l'eau froide pour les refroidir et égouttez-les.

2. Coupez la feta en petits cubes et mélangez-la aux haricots. Ajoutez la coriandre, assaisonnez et remuez bien.

3. Réalisez une vinaigrette avec du sel et du poivre, l'huile d'olive, le vinaigre, l'ail et le jus de citron. Assaisonnez-en la salade et servez.

Salade de roquette croquante. ▶

Courgettes frites en salade

Facile | 4 personnes | 10 min | 3-4 min

- ✔ 2 courgettes
- ✔ Huile d'olive
- ✔ 1 citron
- ✔ 1 gousse d'ail
- ✔ Ciboulette ou persil
- ✔ 1 bain de friture

1. Lavez les courgettes et coupez-les en rondelles.

2. Faites frire les rondelles à grande friture pendant 3 à 4 min. Égouttez et laissez refroidir dans un plat.

3. Assaisonnez d'une vinaigrette avec huile d'olive, citron, ail pilé et ciboulette (ou persil). Servez frais.

Salade marinée à la ratatouille de légumes

Facile | 4 personnes | 20 min | 5 min | Marinade : 12 h

- ✔ 4 filets de sardines fraîches
- ✔ 25 cl de vin blanc
- ✔ 1 échalote
- ✔ 10 cl de vinaigre de vin blanc
- ✔ Une demi-courgette
- ✔ Un demi-poivron rouge
- ✔ Un demi-poivron jaune
- ✔ 4 c. à s. d'huile d'olive
- ✔ Sel, poivre

1. Placez les filets de sardines dans un plat, versez par-dessus le vinaigre, le vin blanc, assaisonnez fortement et laissez mariner une nuit.

2. Épluchez et coupez l'échalote en petits dés. Coupez les légumes en dés et faites-les tous revenir dans une poêle bien chaude avec l'huile d'olive. Assaisonnez et laissez refroidir.

3. Égouttez les filets de sardine. Recouvrez d'une couche de ratatouille et servez.

Courgettes frites en salade. ▶

SALADE DE TOPINAMBOURS aux figues séchées

FACILE : 4 PERSONNES : 15 MIN

- 2 topinambours
- 1 pomme
- 4 figues sèches

Pour la vinaigrette :

- 6 c. à c. d'huile de tournesol
- 2 ou 3 c. à c. de jus de citron
- Sel, poivre

1. Grattez les topinambours, puis passez-les sous un filet d'eau froide. Détaillez-les ensuite en julienne.

2. Lavez et équeutez la pomme, puis, sans l'éplucher, détaillez-la en dés en éliminant le cœur et les pépins. Coupez également les figues en petits morceaux.

3. Préparez la vinaigrette en mélangeant, dans un bol, du sel et du poivre, l'huile et le jus de citron.

4. Mettez les topinambours, la pomme et les figues dans un plat creux. Versez la vinaigrette par-dessus. Mélangez et servez aussitôt.

SALADE DE HARICOTS VERTS aux champignons et crème citronnée

ASSEZ FACILE : 4 PERSONNES : 15 MIN : 12 MIN

- 250 g de haricots verts
- 8 champignons de Paris
- 10 cl de crème fleurette
- Le jus d'un citron
- 1 pincée de persil haché
- 1 pointe de piment de Cayenne
- 1 filet d'huile d'olive
- Sel, poivre

1. Faites cuire les haricots (départ eau bouillante salée) pendant 12 min environ. Gardez-les légèrement croquants. Refroidissez-les.

2. Nettoyez, lavez et coupez les champignons en lamelles fines. Mélangez-les avec les haricots, le piment de Cayenne et un filet d'huile d'olive. Assaisonnez et répartissez le mélange dans quatre coupes.

3. Montez la crème très froide en chantilly. Ajoutez le jus de citron, le persil et assaisonnez. Versez dans chaque coupe une cuillerée de crème citronnée et servez.

Salade de topinambours aux figues séchées. ▶

Salade de tomates à la provençale

Facile | 4 personnes | 10 min

- 10 olives noires
- 120 g de mozzarella
- 2 échalotes hachées
- 1 gousse d'ail hachée
- 5 feuilles de basilic
- 4 cl de vinaigre balsamique
- 3 cl d'huile d'olive
- Sel, poivre

1. Lavez les tomates et ôtez le pédoncule. Coupez-les en rondelles. Coupez la mozzarella en tranches. Détaillez les olives en dés.

2. Disposez sur quatre assiettes les tomates et la mozzarella en alternant. Salez et poivrez à votre convenance.

3. Dans un bol, mélangez l'ail, les échalotes, les olives avec le vinaigre. Ajoutez l'huile d'olive. Assaisonnez.

4. Versez la vinaigrette sur les assiettes. Émincez les feuilles de basilic et parsemez-en la salade.

Salade de tomates-cerises pancetta et endives

Facile | 4 personnes | 15 min | 2 min

- 6 endives
- 20 tranches de pancetta
- 400 g de tomates-cerises
- 1 c. à s. de moutarde
- 1 c. à s. de vinaigre de xérès
- 3 c. à s. d'huile d'olive
- Sel, poivre

1. Enlevez la partie amère des endives et coupez-les en rondelles. Mélangez le vinaigre et la moutarde, puis incorporez l'huile en filet tout en remuant avec un fouet. Assaisonnez.

2. Poêlez les tranches de pancetta à sec pendant 2 min, puis retirez-les du feu et laissez refroidir.

3. Mélangez les tomates-cerises, les endives et la pancetta, arrosez de vinaigrette, puis répartissez dans 4 bols avant de servir.

Salade de tomates provençale. ▶

Salade croquante de courgettes, feta et framboises

Assez facile : 4 personnes : 15 min : 2 min

- 2 courgettes
- 100 g de feta
- 50 g de framboises
- 2 c. à s. de vinaigre de xérès
- 4 c. à s. d'huile d'olive
- Sel, poivre

1. Ôtez les extrémités des courgettes et réalisez des tagliatelles à l'aide d'un économe ou d'une mandoline.

2. Plongez les tagliatelles de courgette pendant 2 min dans un grand volume d'eau bouillante salée. Passez-les sous l'eau froide pour les rafraîchir et égouttez-les.

3. Mélangez-les avec le vinaigre, l'huile d'olive et la feta. Assaisonnez et mélangez bien. Ajoutez les framboises et mélangez délicatement afin de ne pas les écraser.

Salade de pommes de terre aux oignons confits et aux olives

Facile : 4 personnes : 20 min : 30 min : Macér. : 30 min

- 300 g de pommes de terre
- 500 g d'oignons
- 100 g d'olives noires
- 2 c. à s. de sucre
- 10 cl de vin blanc
- 2 c. à c. de vinaigre de xérès
- 2 c. à s. de persil plat haché
- 1 feuille de laurier
- 2 gousses d'ail
- 2 c. à s. d'huile d'olive
- Gos sel, poivre

Pour la sauce :

- 1 c. à c. de moutarde forte
- 1 c. à c. de purée d'ail en pot
- 2 c. à s. de vinaigre de vin blanc
- 3 c. à s. d'huile d'olive
- 1 c. à s. d'huile de colza
- Sel

1. Lavez les pommes de terre, mettez-les dans une casserole d'eau froide avec 2 gousses d'ail coupées en deux, le laurier et du gros sel. Portez à ébullition et laissez cuire 25 min.

2. Pelez les oignons et coupez-les en lamelles fines. Faites-les blondir avec 2 c. à s. d'huile d'olive, saupoudrez-les de sucre et laissez-les confire 15 min, en remuant de temps en temps. Ajoutez le vinaigre, mélangez et retirez du feu.

3. Égouttez les pommes de terre, pelez-les et coupez-les en rondelles. Portez le vin blanc à ébullition avec 10 cl d'eau. Arrosez-en les pommes de terre. Poivrez généreusement.

4. Préparez la sauce : mélangez la moutarde avec la purée d'ail, le vinaigre et du sel. Ajoutez les huiles et émulsionnez la sauce à la fourchette. Versez sur les pommes de terre et mélangez délicatement pour ne pas les briser. Ajoutez les oignons et laissez macérer de 30 min.

5. Dénoyautez les olives et coupez-les en éclats. Ajoutez-les à la salade et parsemez de persil.

Salade croquante de courgettes, feta et framboises. ▶

Salade de pommes de terre

Facile | 4 personnes | 15 min | 30 min | Réfrig. : 30 min

- 500 g de pommes de terre
- 25 cl de bouillon de légumes
- 1 c. à s. de sucre en poudre
- 4 gros cornichons
- Un demi-oignon
- 1 c. à s. de persil haché
- 2 c. à s. de ciboulette hachée
- 1 c. à s. d'huile
- 2 c. à s. de vinaigre blanc
- 1 c. à c. de moutarde
- Sel

1. Versez le bouillon de légumes dans une casserole, ajoutez-y le sucre en poudre et faites chauffer pour faire fondre le sucre. Laissez ensuite complètement refroidir.

2. Épluchez les pommes de terre, puis faites-les cuire de la manière classique, à l'eau salée, pendant 30 min. À la fin de leur cuisson, égouttez-les et laissez-les refroidir pendant au moins 15 min.

3. Coupez les cornichons en petites rondelles. Épluchez et émincez le demi-oignon. Mettez ces deux ingrédients dans un plat creux et ajoutez-y le persil et la ciboulette.

4. Coupez les pommes de terre refroidies en rondelles et ajoutez-les dans le plat. Versez par-dessus le bouillon tout à fait refroidi, puis l'huile, le vinaigre et la moutarde. Mélangez délicatement le tout et placez dans le réfrigérateur. Laissez refroidir au moins 30 min avant de servir frais.

Salade d'artichauts à la feta et citron

Facile | 4 personnes | 20 min

- 1 petite boîte d'artichauts marinés
- 70 g de feta aux herbes
- 10 olives noires
- 8 pétales de tomates confites
- 1 citron
- 120 g de pousses d'épinards
- 15 cl d'huile d'olive
- 6 c. à s. de vinaigre de tomates (ou un autre vinaigre)
- Sel, poivre

1. Égouttez les artichauts et les dés de feta. Coupez les olives noires en rondelles. Émincez les tomates confites.

2. Pelez le citron à vif et récupérez les quartiers de pulpe ainsi que le jus. Coupez la pulpe en petits dés.

3. Réunissez tous les ingrédients dans des bols, assaisonnez, arrosez le tout d'huile d'olive et de vinaigre.

Salade de pommes de terre. ▶

SALADE DE MÂCHE aux noix et aux figues

FACILE : 4 PERSONNES : 20 MIN : 10 MIN

- 250 g de mâche
- 4 poires
- 8 figues fraîches
- 150 g de tofu en cubes
- 8 cerneaux de noix
- 4 à 6 c. à s. de vinaigrette aux herbes

1. Lavez soigneusement la mâche et essorez-la. Épluchez les poires, puis coupez-les en lamelles. Coupez les figues en quartiers.

2. Mettez les petits morceaux de tofu dans une poêle et faites-les dorer à sec sur toutes les faces.

3. Mettez la mâche dans un saladier. Ajoutez-y les poires, les figues, les noix et le tofu. Arrosez de vinaigrette et mélangez délicatement.

SALADE DE CHOU-FLEUR

FACILE : 4 PERSONNES : 20 MIN : 20 MIN

- 1 chou-fleur
- 3 petits bouquets de brocoli
- 1 citron
- 1 bol de sauce gribiche
- Sel, poivre

Pour la sauce gribiche :

- 2 c. à s. de moutarde
- 1 c. à s. de vinaigre de xérès
- 1 c. à s. de câpres hachées
- 1 échalote hachée
- 1 c. à c. de persil haché
- 1 c. à c. de cerfeuil haché
- 1 c. à c. de ciboulette hachée
- 1 c. à c. d'estragon haché
- 3 c. à s. d'huile de tournesol
- Sel, poivre

1. Coupez le trognon du chou-fleur et détachez les bouquets. Faites de même avec le brocoli. Lavez soigneusement tous les bouquets et ajoutez le jus de citron au dernier rinçage.

2. Faites bouillir 2 casseroles d'eau salée. Dans l'une, faites cuire le chou-fleur de 18 à 20 min , et dans l'autre le brocoli, de 12 à 15 min, afin que les bouquets ne se défassent pas.

3. Égouttez-les dès la fin de cuisson et rafraîchissez-les sous le robinet d'eau froide.

4. Pour la sauce gribiche, mélangez la moutarde et le vinaigre, ajoutez du sel et du poivre, incorporez l'huile en filet en remuant avec un fouet. Ajoutez les câpres, l'échalote et toutes les herbes hachées.

5. Déposez les bouquets dans un saladier. Versez dessus la sauce gribiche et mélangez. Goûtez et rectifiez l'assaisonnement. Servez tiède ou froid.

Salade de mâche aux noix et aux figues. ▶

SALADE DE CHOU ROUGE *aux pommes reinette*

Facile : 4 personnes : 25 min : 10 min : Repos : 2 h

- Un demi-chou rouge
- 2 pommes reinette
- 2 oignons hachés
- 3 pincées de sucre
- 15 cl de vinaigre de xérès
- 10 cl d'huile d'olive
- 1 c. à s. de jus de citron
- Sel, poivre

1. Faites chauffer une casserole avec un filet d'huile d'olive, ajoutez les oignons hachés avec le sucre. Laissez-les blondir pendant 5 min, assaisonnez et ajoutez le vinaigre. Laissez cuire pendant 2-3 min.

2. Ôtez le cœur du chou et émincez-le finement. Épluchez les pommes, évidez-les et coupez-les en dés. Citronnez-les légèrement.

3. Dans un saladier, mélangez le chou avec les pommes et la compotée d'oignons vinaigrée. Assaisonnez, entourez le récipient d'un film alimentaire et laissez reposer pendant 2 h au frais.

SALADE DE CHOU BLANC *à l'orange*

Facile : 4 personnes : 20 min

- Un demi-chou blanc
- 2 oranges fraîchement pressées
- 2 c. à c. de moutarde
- 3 c. à s. d'huile de colza
- Sel, poivre

1. Passez rapidement le chou sous un filet d'eau froide. Coupez-le en deux et râpez-le au-dessus d'un grand plat creux.

2. Mettez le jus d'orange dans un bol, puis incorporez la moutarde et l'huile de colza. Salez, poivrez et mélangez. Arrosez le chou avec cette préparation et mélangez. Réservez au frais jusqu'au moment de servir.

Salade de chou rouge aux pommes reinette. ▶

Salade de céleri-rave au fromage de brebis

Facile : 2 personnes : 15 min

- 1 céleri-rave
- 1 pomme
- 1 ou 2 c. à s. de raisins secs
- 50 g de tomme de brebis

Pour l'assaisonnement :

- 1 c. à s. de purée de sésame
- 1 c. à s. de sauce de soja
- 2 c. à s. d'huile de noix
- 1 yaourt de soja

1. Pelez et râpez le céleri-rave. Lavez la pomme, équeutez-la et coupez-la, non épluchée, en petits cubes. Mettez ces deux ingrédients dans un plat creux et mélangez-les.

2. Ajoutez ensuite les raisins secs, ainsi que le fromage préalablement coupé en petits dés.

3. Préparez la sauce d'accompagnement : versez la purée de sésame dans un bol et délayez-la avec la sauce de soja. Incorporez l'huile de noix, puis le yaourt. Mélangez bien tous ces ingrédients. Versez la sauce sur la salade et mélangez-la délicatement avant de servir.

Salade de chèvre au chutney de mangue

Facile : 4 personnes : 20 min

- 1 bûche de chèvre
- 12 tranches de baguette
- 4 c. à s. de chutney de mangue
- 200 g de salade
- 4 c. à s. d'huile d'olive
- 2 c. à s. de vinaigre de xérès
- Une demi-gousse d'ail hachée
- Sel, poivre

1. Détaillez la bûche de fromage de chèvre en 12 rondelles.

2. Badigeonnez les tranches de baguette avec le chutney et recouvrez-les d'une tranche de fromage de chèvre.

3. Confectionnez une vinaigrette avec le sel et le poivre, le vinaigre, l'huile d'olive et l'ail.

4. Passez les tartines dans un four à 180 °C (th. 6) pour les faire tiédir.

5. Assaisonnez la salade et répartissez-la dans quatre assiettes. Posez 3 tartines par assiette et servez.

Salade de céleri-rave au fromage de brebis. ▶

SALADE DE CAROTTES au miel et à la coriandre

Facile | 4 personnes | 10 min | Repos : 30 min

- 8 carottes
- 1 c. à s. de miel
- Le jus d'une orange
- Le jus d'un citron
- 10 feuilles de coriandre
- 3 cl d'huile d'olive
- Sel, poivre

1. Lavez, épluchez et râpez les carottes. Émincez les feuilles de coriandre et ajoutez-les aux carottes.

2. Dans un bol, mélangez le miel avec les jus d'agrumes, sel et poivre. Ajoutez l'huile d'olive. Versez le tout sur les carottes.

3. Recouvrez le plat d'un film alimentaire et laissez reposer pendant 30 min au réfrigérateur.

SALADE DE CAROTTES ROUGES et de potiron, vinaigrette balsamique

Facile | 6 personnes | 15 min

- 250 g de potiron
- 150 g de carottes
- 2 gousses d'ail
- 4 brins de persil frais effeuillé

Pour la vinaigrette :

- 4 c. à s. d'huile de colza
- 2 c. à s. de vinaigre balsamique
- 1 c. à c. de moutarde forte
- Sel

1. Épluchez le potiron. Grattez les carottes. Râpez ces deux ingrédients et déposez-les dans un plat creux. Pelez et hachez les gousses d'ail, puis mélangez-les au persil.

2. Préparez la vinaigrette : versez l'huile de colza dans un bol et ajoutez-y le vinaigre balsamique, la moutarde, 2 c. à s. d'eau et environ une pincée de sel. Incorporez ensuite le mélange d'ail et de persil, puis mélangez bien tous ces ingrédients.

3. Répartissez la salade dans des petits raviers individuels, puis nappez avec la vinaigrette. Servez frais.

Salade de carottes au miel et à la coriandre. ▶

SALADE AUX RADIS ROSES et à la coriandre

Facile | 4 personnes | 5 min | Repos : 30 min

- 8 tranches de pain de campagne
- 2 bottes de radis
- 50 g de roquette
- 20 g de beurre demi-sel
- Un demi-bouquet de coriandre hachée
- Le jus d'un citron
- 5 cl d'huile d'olive
- Poivre

1. Coupez et jetez les tiges des radis. Lavez les radis en les frottant et égouttez-les. Coupez-les en rondelles et mettez-les dans un saladier avec la roquette, la coriandre, le jus de citron et l'huile d'olive.
2. Poivrez et laissez reposer pendant 30 min au réfrigérateur.
3. Tartinez les tranches de pain avec le beurre demi-sel et servez la salade de radis accompagnée de ces tartines.

SALADE AU DUO DE POUSSES, sauce au miel

Facile | 4 personnes | 10 min

- 150 g de jeunes pousses de radis
- 150 g de jeunes pousses d'épinards

Pour la sauce d'accompagnement :

- 2 c. à s. de yaourt de soja
- 1 à 2 c. à s. de mayonnaise végétale
- 1 c. à s. de vinaigre de vin blanc
- 1 c. à c. de miel liquide
- 1 c. à s. de coriandre fraîche ciselée
- Sel, poivre

1. Lavez les pousses de radis et d'épinards avant de les égoutter soigneusement. Déposez-les dans un grand plat creux.
2. Préparez la sauce d'accompagnement : dans un bol, battez ensemble le yaourt de soja, la mayonnaise végétale, le vinaigre de vin, le miel liquide et la ciboulette ciselée. Salez et poivrez.
3. Versez cette sauce sur les jeunes pousses, mélangez bien et servez frais.

Salade aux radis roses et à la coriandre. ▶

Légumineuses en salade acidulée

Facile · 4 personnes · 40 min · 3 min

- 400 g de fèves
- 400 g de petits pois
- 400 g de haricots mangetout
- 1 pamplemousse
- 1 orange
- 10 brins de ciboulette

Pour la vinaigrette :

- 1 c. à c. de moutarde
- 2 gouttes de Tabasco
- 3 c. à s. d'huile de colza

1. Pelez l'orange et le pamplemousse à vif et détachez les quartiers de pulpe. Ciselez la ciboulette. Écossez les fèves et les petits pois.

2. Faites cuire les légumes 3 min dans une grande quantité d'eau salée et rafraîchissez-les. Enlevez la peau des fèves.

3. Mélangez la moutarde et l'huile de colza, ainsi que le Tabasco. Ajoutez tous les ingrédients et servez.

Salade d'endives *au bleu d'Auvergne et aux poires*

Facile · 4 personnes · 15 min

- 4 endives
- 120 g de bleu d'Auvergne
- 4 poires un peu juteuses
- 10 g de raisins secs
- 4 cerneaux de noix

Pour la vinaigrette :

- 2 cl de porto
- 2 cl de vinaigre de xérès
- 1 c. à c. de moutarde
- 4 cl d'huile de colza
- Sel, poivre

1. Triez les endives, émincez-les dans le sens de la longueur et lavez-les rapidement.

2. Coupez le bleu en dés. Épluchez les poires, ôtez leur cœur et coupez-les en lamelles fines.

3. Dans un bol, mélangez la moutarde avec le porto, le vinaigre, le sel et le poivre. Incorporez ensuite l'huile de colza.

4. Mélangez tous les ingrédients dans un saladier et répartissez-les dans quatre assiettes. Arrosez le tout de vinaigrette.

Légumineuses en salade acidulée. ▶

Salade de chou chinois et sauce au yaourt

Facile | 4 personnes | 20 min

- ✔ Un quart de chou chinois
- ✔ 1 carotte râpée
- ✔ 1 courgette
- ✔ 2 yaourts au soja
- ✔ 1 c. à c. de raifort
- ✔ 1 c. à c. de persil plat haché
- ✔ 1 c. à c. de cerfeuil haché
- ✔ 1 c. à c. de ciboulette émincée
- ✔ 1 c. à c. de moutarde
- ✔ 1 c. à c. de curry
- ✔ Sel, poivre

1. Râpez le vert de la courgette. Émincez finement le chou. Mélangez le chou avec la carotte râpée et le vert de courgette. Assaisonnez et ajoutez le curry. Réservez.

2. Pour la sauce, mélangez les yaourts avec la moutarde, les herbes, le raifort et assaisonnez. Servez la salade de chou et nappez-la de sauce au yaourt.

Salade tiède de courgettes et de pommes de terre

Facile | 4 personnes | 20 min | 30 min | Repos : 5 min

- ✔ 350 g de pommes de terre moyennes, à chair ferme : rosa ou ratte du Nord
- ✔ 500 g de petites courgettes bien vertes
- ✔ 3 c. à s. d'huile d'olive
- ✔ 1 c. à s. de menthe douce hachée
- ✔ 40 cl de vin blanc sec
- ✔ Sel, poivre gris

1. Faites cuire les pommes de terre 20 min dans leur peau. Pelez-les aussitôt et coupez-les en rondelles. Réservez au chaud.

2. Coupez les courgettes non pelées en cubes de 3 cm, posez-les debout en sauteuse et mouillez-les avec le vin blanc, salez légèrement. Faites cuire 10 min à très petits bouillons en les retournant une fois (les courgettes doivent rester un peu fermes).

3. Dans un saladier, mélangez délicatement les pommes de terre et les courgettes égouttées.

4. Dans un bol, mélangez le vin de cuisson, l'huile d'olive, la menthe, salez, poivrez légèrement et versez sur les légumes. Remuez délicatement, couvrez et laissez reposer pendant 5 min.

5. Servez tiède en même temps qu'une viande blanche, rôti de veau, de porc, ou du poulet froid.

Salade de chou chinois et sauce au yaourt. ▶

Pois gourmands en salade

Facile | 4 personnes | 10 min | 10 min

- 300 g de pois gourmands
- Quelques brins de ciboulette
- 1 petit bouquet de cerfeuil

Pour la vinaigrette :

- 2 c. à s. d'huile de tournesol
- 1 c. à c. de condiment Savora
- 2 c. à s. de vinaigre de xérès
- 1 c. à c. d'eau faiblement minéralisée
- 1 c. à s. d'huile de pépins de raisin
- Sel

1. Équeutez les pois gourmands et lavez-les. Faites bouillir une casserole d'eau. Salez, plongez les pois dans l'eau et laissez-les cuire 8 min à découvert, à partir de la reprise de l'ébullition.

2. Égouttez les pois et plongez-les dans de l'eau glacée.

3. Ciselez la ciboulette et le cerfeuil. Mélangez le condiment Savora avec du sel et le vinaigre. Ajoutez les huiles et l'eau. Émulsionnez la sauce.

4. Mettez les pois bien égouttés dans un plat creux. Versez la vinaigrette dessus, ajoutez les herbes et mélangez délicatement.

Salade Athéna *à l'huile d'olive citronnée*

Facile | 4 personnes | 15 min | 10 min

- 4 œufs
- 120 g de feta coupée en dés
- 30 g de croûtons
- 150 g de mesclun
- 6 tomates-grappes
- 12 olives noires
- un demi-concombre
- Le jus d'un citron
- 8 cl d'huile d'olive
- Sel, poivre

1. Faites cuire les œufs 10 min (départ eau bouillante salée) et rafraîchissez-les. Écalez-les et coupez-les en quatre.

2. Lavez et coupez le concombre en rondelles. Dénoyautez les olives et coupez-les en dés. Coupez les tomates en quartiers.

3. Mélangez tous les ingrédients, arrosez-les de vinaigrette citronnée et répartissez sur les quatre assiettes.

Pois gourmands en salade. ▶

SALADE D'ALGUES et de concombre

Facile | 2 personnes | 10 min | 10 min

- 1 sachet d'algues wakame séchées
- 1 petit concombre
- 1 c. à s. de vinaigre de riz
- 1/2 c. à c. de sucre en poudre
- 1 c. à c. de sauce de soja
- 1 c. à c. de gingembre moulu
- Sel

1. Mettez les algues séchées dans un grand plat creux et recouvrez-les d'eau froide. Laissez-les gonfler pendant 10 min environ.

2. Pendant ce temps, pelez le concombre et fendez-le en deux dans sa longueur. Épépinez-le soigneusement, puis coupez-le en lamelles fines.

3. Égouttez soigneusement les algues et mélangez-les aux petits morceaux de concombre.

4. Préparez une vinaigrette en mélangeant à la fourchette le vinaigre de riz, le sucre, la sauce de soja, le gingembre moulu et une pincée de sel. Versez cette vinaigrette sur le mélange d'algues et de concombre. Mélangez délicatement et servez frais.

SALADE PROVENÇALE

Facile | 4 personnes | 20 min | 5 min

- 1 salade romaine
- 1/2 c. à c. de coriandre en poudre
- 4 tranches de pain
- 4 filets d'anchois
- 100 g de tomates-cerises
- 1 gousse d'ail
- 50 g de copeaux de parmesan
- 4 c. à s. de mayonnaise

1. Lavez la salade, essorez-la, puis coupez les feuilles en lanières.

2. Faites dessaler les anchois dans de l'eau froide pendant 10 min. Égouttez-les. Pelez l'ail et réduisez-le en purée avec les anchois.

3. Coupez le pain en petits cubes et faites-les colorer 5 min dans un four à 240 °C (th. 8).

4. Mélangez la mayonnaise à la purée d'anchois et à la coriandre. Mélangez la salade à la mayonnaise et répartissez-la dans 4 bols. Parsemez de copeaux de parmesan, de croûtons, de tomates-cerises et servez.

Salade d'algues et de concombre. ▶

SALADE AU BLEU et aux poires

Facile | 4 personnes | 10 min

- 120 g de bleu d'Auvergne
- 4 poires un peu juteuses
- 10 g de raisins secs
- 4 cerneaux de noix
- 2 cl de porto
- 2 cl de vinaigre de xérès
- 1 c. à c. de moutarde
- 4 cl d'huile de colza

1. Coupez le bleu en dés. Épluchez les poires, ôtez leur cœur et coupez-les en lamelles fines.

2. Dans un bol, mélangez la moutarde avec le porto, le vinaigre, le sel et le poivre. Incorporez ensuite l'huile de colza.

3. Mélangez tous les ingrédients dans un saladier et répartissez-les dans quatre assiettes. Arrosez le tout de vinaigrette.

SALADE DE TOMATES du potager, sauce romesco

Assez facile | 4 personnes | 45 min | 20 min

- 400 g de tomates assorties (vertes, jaunes, cerises, noires, ananas, cœur-de-bœuf)
- 10 cl d'huile d'olive
- 250 g de tomates-grappes
- 1 pain de campagne
- 50 g de câpres
- 50 g de cornichons
- Une demi-botte de basilic
- 2 échalotes
- Fleur de sel, poivre

Pour la sauce romesco :

- 4 poivrons secs dits romesco
- 100 g d'oignons jaunes
- 3 tranches de pain rassis
- 50 cl de vinaigre de xérès
- 10 cl d'huile d'olive
- Une demi-tête d'ail rose
- 100 g de tomates

1. Préparez la sauce romesco : épépinez les poivrons, puis faites-les frire dans une poêle à l'huile d'olive avec le pain. Égouttez. Épluchez et hachez les oignons. Faites-les blondir à l'huile d'olive.

2. Sur une plaque légèrement huilée, faites rôtir au gril à 180 °C (th. 6) les gousses d'ail non épluchées et les tomates jusqu'à ce qu'elles soient dorées. Pelez-les.

3. Épépinez les tomates. Retirez la peau des gousses d'ail. Passez le tout au mixeur. Ajoutez l'huile d'olive peu à peu, puis le vinaigre pour obtenir une sauce lisse.

4. Coupez les tomates-grappes en deux et épépinez-les. Frottez-les sur une râpe pour obtenir la pulpe. Égouttez dans une passoire.

5. Coupez le pain de campagne en tranches et toastez-les. Coupez les échalotes en rondelles. Effeuillez le basilic. Coupez les assortiments de tomates en gros morceaux. Ajoutez les cornichons et les câpres. Assaisonnez avec la fleur de sel, le poivre et l'huile.

6. Disposez les tomates sur les assiettes. Répartissez le basilic et les rondelles d'échalotes dessus. Accompagnez de la sauce romesco et des tranches de pain tartinées de pulpe de tomates.

Salade au bleu et aux poires. ▶

Salade de fenouil au roquefort

Facile · 4 personnes · 25 min

- 2 bulbes de fenouil
- 1 branche de céleri
- 1 c. à s. de tapenade
- 200 g de roquefort
- 100 g de raisins secs
- 1 citron
- 100 g de cerneaux de noix
- 4 c. à s. d'huile d'olive
- Sel, poivre

1. Laissez tremper les raisins secs pendant 10 min dans de l'eau tiède. Lavez les bulbes de fenouil et le céleri, puis émincez-les le plus finement possible ou alors passez-les dans un robot pour en faire des rondelles fines.

2. Dans un saladier, assaisonnez le fenouil et le céleri avec le jus de citron, la tapenade et l'huile d'olive, salez et poivrez. Laissez mariner pendant 30 min. Coupez le roquefort en dés.

3. Répartissez le fenouil et le céleri dans les assiettes, ajoutez les dés de roquefort, les raisins secs et les cerneaux de noix.

Salade de marina

Facile · 4 personnes · 25 min · 10 min

- 200 g de champignons de Paris
- 2 cœurs de céleri
- 1 botte d'asperges blanches
- 1 laitue
- 100 g de comté coupé en dés
- 1 poignée de persil haché
- 1 gousse d'ail hachée
- Le jus de 2 citrons
- 5 cl d'huile d'olive
- Sel, poivre

1. Épluchez les asperges et faites-les cuire dans de l'eau bouillante salée pendant 10 min environ, selon la grosseur. Égouttez-les et refroidissez-les. Gardez les pointes et coupez le reste en petits morceaux.

2. Lavez et émincez finement les champignons. Arrosez-les d'un jus de citron. Coupez les cœurs de céleri en petits dés. Effeuillez la laitue, lavez-la et essorez-la.

3. Mélangez un jus de citron avec sel, poivre et l'ail. Ajoutez l'huile d'olive.

4. Disposez les feuilles de laitue sur le bord d'un plat.

5. Mélangez les champignons, les asperges, le céleri, le comté et le persil. Ajoutez la vinaigrette et mélangez bien. Versez le tout au milieu du plat.

Salade de fenouil au roquefort. ▶

Salade de mini-légumes croustillants au balsamique

Facile : 4 personnes : 15 min : 5 min

- ✔ 1 botte de mini-carottes
- ✔ 1 botte de mini-poireaux
- ✔ 1 botte de mini-navets
- ✔ 8 tomates-cerises
- ✔ 200 g de mesclun
- ✔ 2 cl de vinaigre balsamique
- ✔ 1 c. à c. de miel
- ✔ 6 cl d'huile d'olive
- ✔ 3 pincées de paprika
- ✔ Sel, poivre 5 baies

1. Coupez les mini-carottes et les mini-navets en rondelles fines. Émincez les mini-poireaux en bâtonnets fins de 3 cm environ et coupez les tomates en deux. Lavez et essorez le mesclun.

2. Faites frire les mini-légumes dans une friteuse et réservez de côté sur du papier absorbant.

3. Pour la vinaigrette : mélangez le vinaigre, le sel, le poivre, le miel, le paprika et fouettez 3 min en ajoutant l'huile d'olive petit à petit.

4. Dressez la salade au centre des assiettes, parsemez de mini-légumes frits, ajoutez les moitiés de tomates et arrosez le tout de vinaigrette.

Salade algérienne

Facile : 4 personnes : 25 min

- ✔ 4 poivrons
- ✔ 4 tomates
- ✔ 1 concombre
- ✔ 2 oignons frais
- ✔ 100 g d'olives noires

Pour la vinaigrette :

- ✔ Huile d'olive
- ✔ Vinaigre
- ✔ Sel

1. Faites griller les poivrons et les tomates, juste pour enlever leur peau. Pelez-les et coupez-les en lamelles. Hachez finement les oignons.

2. Dans un bol, coupez le concombre en rondelles, saupoudrez-les de sel et laissez dégorger. Rincez et pressez entre vos mains.

3. Dans un saladier, mettez les lanières de poivrons et de tomates, les rondelles de concombre, les olives noires et les oignons hachés.

4. Ajoutez le sel, le vinaigre et l'huile, puis mélangez bien. Servez bien frais.

Salade de mini-légumes croustillants au balsamique. ▶

Salade aux olives et aux poivrons

Facile | 6 personnes | 15 min | Marinade : 2 h

- 1 bocal de poivrons marinés
- 500 g d'olives vertes et noires, dénoyautées
- 1 citron
- 1 pointe de harissa
- 1 bouquet de persil plat, haché
- 1 c. à c. de cumin moulu
- 4 c. à s. d'huile d'arachide
- 1 gousse d'ail
- Sel

1. Sortez les poivrons marinés de leur bocal et égouttez-les soigneusement avant de les détailler en lanières. Mettez-les dans un saladier et mélangez-y les olives.

2. Arrosez de jus de citron, ajoutez la harissa, le persil, le cumin, l'huile et la gousse d'ail préalablement pelée et écrasée au presse-ail. Salez, puis mélangez bien le tout.

3. Laissez mariner pendant au moins 2 h avant de servir frais.

Salade Aïda

Facile | 4 personnes | 20 min

- 1 chicorée frisée
- 2 tomates
- 2 fonds d'artichauts cuits
- Un demi-poivron vert
- 2 œufs durs
- 6 c. à s. de vinaigrette
- 1 c. à s. de persil haché
- Sel, poivre

1. Lavez la salade et égouttez-la. Recoupez chaque feuille en 2 ou 3 morceaux.

2. Faites bouillir de l'eau et plongez les tomates dedans pendant 1 min. Pelez-les, ouvrez-les en deux, enlevez les parties dures, puis coupez-les en tranches.

3. Émincez les fonds d'artichauts. Enlevez les graines et les parties blanchâtres du demi-poivron. Coupez le vert en petits bâtonnets.

4. Écalez les œufs durs sous le robinet d'eau froide. Séparez les jaunes des blancs et émincez les blancs en petits bâtonnets. Réservez les jaunes.

5. Dans un grand plat creux, mélangez les feuilles de chicorée, les tomates, les fonds d'artichauts et les bâtonnets de poivron et de blanc d'œuf. Versez la vinaigrette dessus et mélangez.

6. Placez une passoire au-dessus du plat et poussez les jaunes d'œufs à travers les trous. Vous obtenez du « mimosa » que vous disposerez sur la salade, en garniture.

Salade aux olives et aux poivrons. ▶

Salade chopska

Facile : 4 personnes : 10 min

- 4 tomates
- 1 concombre
- 2 oignons blancs avec les tiges
- 4 filets d'huile d'olive
- 4 traits de vinaigre
- 1 petit bloc de fromage bulgare blanc dur
- Quelques brins de ciboulette hachée

1. Lavez et séchez les tomates, puis coupez-les en dés. Faites de même avec le concombre. Répartissez ces deux ingrédients dans 4 assiettes. Coupez les tiges et le bulbe des oignons blancs en petites lamelles. Répartissez-les par-dessus le mélange de tomates et concombre.

2. Versez un filet d'huile et un trait de vinaigre sur chaque préparation, puis râpez par-dessus le fromage bulgare. Décorez chaque assiette avec un peu de ciboulette et servez frais.

Salade d'asperges blanches *au raifort*

Facile : 4 personnes : 15 min

- 1 bocal de petites asperges blanches cuites
- 3 c. à s. de fromage blanc
- 1 tranche de saumon fumé
- 1 pointe de raifort
- 1 pincée de piment d'Espelette
- 1 c. à c. de jus de citron
- Sel, poivre

1. Égouttez les asperges, coupez-les en morceaux et placez-les sur du papier absorbant. Coupez le saumon en lanières.

2. Mélangez le fromage blanc avec le raifort et le piment, assaisonnez. Ajoutez le saumon fumé, les asperges et le jus de citron.

Salade chopska. ▶

Salade rouge et verte

Facile : 4 personnes : 15 min : Repos des tomates : 15 min

- 1 gros avocat
- 4 pincées de semoule d'ail
- 4-5 tomates
- Quelques gouttes de sauce Tabasco
- 2 branches de coriandre
- 2 c. à s. d'huile d'olive
- 2 c. à s. de jus de citron
- Quelques feuilles de salade
- 1/2 c. à c. de sucre
- Sel

1. Pelez les tomates, retirez les graines et coupez la pulpe en dés. Mettez ces derniers dans une passoire, saupoudrez-les de sel et de sucre. Laissez-les reposer 15 min.

2. Coupez l'avocat en deux, ôtez le noyau et la peau, coupez la chair en dés. Arrosez-les avec le jus de citron, salez, ajoutez 2 pincées de semoule d'ail et quelques gouttes de Tabasco. Mélangez délicatement.

3. Hachez la coriandre. Tapissez un petit plat creux avec les feuilles de salade.

4. Ajoutez l'huile et le reste de la semoule d'ail aux tomates. Mélangez, puis ajoutez l'avocat. Déposez le tout sur la salade, parsemez de coriandre et servez.

Salade de mâche et son feuilleté à la fourme d'Ambert

Facile : 4 personnes : 10 min : 13 min : Marinade : 12 h

- 1 rouleau de pâte feuilletée
- 1 œuf
- 150 g de mâche
- 150 g de fourme d'Ambert
- 50 g de raisins secs
- 8 tomates-cerises
- 8 cerneaux de noix
- 5 cl de porto
- 8 cl de vinaigrette

1. Faites tremper les raisins secs dans de l'eau tiède pendant 10 min. Égouttez-les.

2. Écrasez la fourme d'Ambert et ajoutez les raisins secs et le porto. Mélangez bien. Recouvrez d'un film alimentaire et laissez au réfrigérateur pendant 12 h.

3. Étalez la pâte feuilletée et coupez-la en quatre carrés. Battez l'œuf avec une goutte d'eau et lustrez la pâte à l'aide d'un pinceau. Enfournez les carrés de pâte feuilletée à 200 °C (th. 6-7) pour 8 min environ. Laissez-les refroidir. Découpez un chapeau et creusez l'intérieur du carré.

5. Posez une cuillerée de fourme d'Ambert dans chaque carré de pâte feuilletée. Faites gratiner 5 min à 200 °C (th. 6-7).

6. Triez et lavez la mâche. Assaisonnez-la avec la vinaigrette et partagez-la dans les assiettes ainsi que les tomates-cerises.

7. Posez les feuilletés dessus, et dégustez avec les cerneaux de noix écrasés.

Salade rouge et verte. ▶

SALADE COLESLAW

FACILE · 4 PERSONNES · 10 MIN · REPOS : 2 H

- ✔ Un demi-chou blanc
- ✔ 2 carottes
- ✔ 20 cl de lait
- ✔ 1 oignon émincé
- ✔ Le jus d'un demi-citron
- ✔ 1 c. à s. de mayonnaise
- ✔ 3 cl de vinaigre de vin
- ✔ Sel, poivre

1. Émincez finement le chou blanc. Épluchez et râpez les carottes.

2. Dans un saladier, mélangez le sucre, le lait, la mayonnaise, le jus de citron, le vinaigre et assaisonnez. Ajoutez le chou, les carottes et l'oignon.

3. Mélangez bien, puis recouvrez d'un film alimentaire. Laissez reposer au réfrigérateur pendant 2 h avant de servir.

SALADE ORIENTALE

FACILE · 4 PERSONNES · 35 MIN · 45 MIN

- ✔ 4 tomates
- ✔ 2 poivrons
- ✔ 400 g de haricots verts
- ✔ 150 g de riz
- ✔ 2 gousses d'ail
- ✔ 1 bouquet de coriandre
- ✔ 4 filets d'anchois
- ✔ 1 c. à s. de vinaigre
- ✔ 5 c. à s. d'huile d'olive

1. Posez les poivrons sous le gril de votre four jusqu'à ce que la peau devienne noire et cloquée sur toutes les faces. Enfermez-les dans un sac en plastique pendant 15 min. Débarrassez les poivrons de leurs graines et de leur peau, puis découpez-les en lanières fines. Pelez et hachez l'ail.

2. Ébouillantez les tomates, passez-les sous l'eau froide et pelez-les. Coupez-les en deux et enlevez les graines. Pressez les tomates dans une passoire, puis faites-les revenir dans de l'huile d'olive avec l'ail haché.

3. Équeutez et lavez les haricots verts. Faites-les cuire 10 min dans de l'eau bouillante. Faites cuire le riz dans de l'eau bouillante salée.

4. Triez, lavez et hachez la coriandre. Coupez les filets d'anchois en petits dés. Réunissez tous les éléments dans un saladier, assaisonnez avec le sel et le poivre, le vinaigre, l'huile d'olive.

Salade coleslaw. ▶

Salade Caesar

Facile · 4 personnes · 25 min · 10 min

- 2 œufs
- 1 gousse d'ail
- 100 g de lardons fumés
- 1 tranche de pain sec
- Huile d'olive
- 4 filets d'anchois
- Le jus de 2 citrons
- 200 g de parmesan râpé
- 1 salade romaine
- Sel, poivre

1. Faites bouillir une casserole d'eau salée, puis plongez-y les œufs pendant 10 secondes environ. Passez-les sous l'eau froide et réservez.

2. Pelez et hachez la gousse d'ail. Faites dorer les lardons dans une poêle à sec (sans ajout de matière grasse). Écroûtez la tranche de pain et détaillez-la en petits croûtons.

3. Retirez les lardons de la poêle, mais conservez leur jus de cuisson. Faites-y dorer les croûtons de pain avec l'ail haché. Déposez ces croûtons sur du papier absorbant.

4. Versez un trait d'huile dans un mortier. Ajoutez-y les filets d'anchois et le jus de citron. Poivrez et écrasez le tout au pilon jusqu'à l'obtention d'une pâte lisse. Cassez les œufs dans ce mélange et incorporez le parmesan râpé. Mélangez tous les ingrédients.

5. Lavez la salade et répartissez-la sans 4 assiettes. Répartissez les lardons et les croûtons de pain, puis la sauce aux anchois. Servez aussitôt.

Salade de feuilles amères

aux pommes et au sésame

Facile · 4 personnes · 20 min

- 1 endive
- 1 trévise
- Un quart de scarole
- 1 pomme
- 2 c. à s. de graines de sésame
- Le jus d'un demi-citron
- 3 c. à s. d'huile d'olive
- Sel, poivre

1. Lavez les salades et coupez-les en lanières.

2. Épluchez, videz la pomme et coupez-la en dés.

3. Faites colorer les graines de sésame dans une poêle à sec.

4. Mélangez tous les ingrédients, salez et poivrez. Servez.

Salade Caesar. ▶

Salade niçoise

Facile | 4 personnes | 30 min | 40 min

- 4 pommes de terre
- 400 g de haricots verts
- 4 œufs
- 1 botte de radis roses
- 1 branche de céleri
- 50 g d'olives noires
- 4 tomates
- 4 filets d'anchois
- 1 c. à s. de câpres
- 2 c. à s. de vinaigre
- 5 c. à s. d'huile d'olive
- Sel, poivre

1. Pelez les pommes de terre et lavez-les. Faites-les cuire à l'eau pendant 20 min. Découpez-les en petits cubes.

2. Équeutez et lavez les haricots verts. Faites-les cuire 10 min dans de l'eau bouillante. Découpez-les en tronçons de 1 cm.

3. Plongez les œufs dans l'eau bouillante salée pendant 8 min pour qu'ils soient durs. Passez-les sous l'eau froide, écalez-les et coupez-les en quartiers.

4. Équeutez et lavez les radis, puis coupez-les en rondelles. Lavez les tomates et coupez-les en quartiers. Lavez le céleri et coupez-le en lanières fines.

5. Réunissez tous les éléments dans un saladier, assaisonnez avec le vinaigre, l'huile d'olive, le sel et le poivre. Décorez avec les filets d'anchois et les câpres.

Salade crétoise

Facile | 4 personnes | 20 min

- 100 g de mesclun
- Un quart de concombre
- 75 g de feta
- 8 tomates-cerises
- 8 olives noires
- 8 croûtons frottés à l'ail
- 5 c. à s. de vinaigre de vin
- 10 c. à s. d'huile d'olive
- Sel, poivre

1. Coupez le concombre en deux et ôtez les graines. Émincez-le finement.

2. Coupez les tomates-cerises en deux et les olives en rondelles. Coupez la feta en petits dés.

3. Mélangez le vinaigre de vin avec du sel et poivre, puis incorporez l'huile d'olive. Répartissez les ingrédients dans 4 bols et arrosez le tout de vinaigrette.

Salade niçoise. ▶

Salade grecque

Facile · 4 personnes · 20 min

- 1 salade feuille de chêne
- 1 boîte de poivrons rouges pelés
- Une demi-concombre
- 1 yaourt
- 1 pincée de fenugrec
- Le jus d'un demi-citron
- 3 c. à s. d'huile d'olive
- 200 g de feta
- 4 tomates
- 20 olives noires

1. Lavez la salade et essorez-la. Coupez le concombre en rondelles. Égouttez les poivrons et coupez-les en lanières.

2. Épluchez et écrasez l'ail. Mélangez le yaourt, le jus de citron, l'ail, l'huile d'olive, le fenugrec et assaisonnez. Coupez la feta en petit dés.

3. Lavez les tomates et coupez-les en quartiers.

4. Dressez la salade sur les assiettes, parsemez-la de lanières de poivrons, de rondelles de concombre, de quartiers de tomate, de dés de feta et d'olives noires. Assaisonnez-la de sauce au yaourt.

Salade de lentilles à la pomme

Facile · 4 personnes · 20 min · 20 min

- 400 g de lentilles
- 3 carottes
- 1 échalote
- 1 pomme
- 3 c. à s. d'huile d'olive
- 1 c. à s. de vinaigre balsamique
- Sel, poivre

1. Mettez les lentilles dans une grande casserole d'eau bouillante et faites-les cuire pendant 20 min. À la fin de la cuisson, égouttez-les soigneusement et versez-les, encore tièdes, dans un plat creux.

2. Grattez les carottes et râpez-les au-dessus du même plat. Épluchez l'échalote et hachez-la. Ajoutez-la à la préparation. Épluchez la pomme et râpez-la également au-dessus du plat contenant les lentilles.

3. Salez et poivrez, arrosez d'huile d'olive et de vinaigre balsamique, puis mélangez bien avant de servir.

Salade grecque. ▶

SALADE DE TORSETTES aux champignons croquants

Facile | 4 personnes | 15 min | Réfrig. : 1 h

- 300 g de pâtes torsettes
- 4 tranches de jambon fumé
- 50 g de feta coupée en dés
- 4 tomates
- Une dizaine de champignons de Paris
- Le jus d'un citron
- 1 pincée de ciboulette hachée
- 1 c. à c. de moutarde à l'ancienne
- 2 c. à s. de vinaigre balsamique
- 8 c. à s. d'huile d'olive
- Sel, poivre

1. Faites cuire les pâtes dans une grande quantité d'eau bouillante salée (selon le temps de cuisson figurant sur le paquet). Égouttez-les et rafraîchissez-les.

2. Coupez le jambon en lanières. Épluchez les champignons et coupez-les en lamelles fines. Arrosez-les de jus de citron.

3. Réalisez la vinaigrette en mélangeant la moutarde avec le sel, le poivre et le vinaigre, puis ajoutez progressivement l'huile.

4. Ôtez le pédoncule des tomates et coupez-les en deux, épépinez-les et coupez la chair en petits dés.

5. Mélangez les torsettes avec les champignons, le jambon, la feta et les dés de tomates. Ajoutez la ciboulette à la vinaigrette et versez-la sur la salade. Mélangez bien et laissez reposer 1 h au réfrigérateur avant de servir.

SALADE DE PÂTES aux agrumes et viande des Grisons

Facile | 8 personnes | 25 min | 8 min

- 300 g de pâtes
- 3 oranges
- 2 pamplemousses
- 16 tranches de viande des Grisons
- 2 c. à s. de mayonnaise
- 3 c. à s. d'huile d'olive
- 1 c. à s. de persil plat haché
- 1 c. à s. de coriandre hachée
- Sel, poivre

1. Faites cuire les pâtes dans une grande quantité d'eau bouillante salée (selon le temps de cuisson figurant sur le paquet). Passez-les sous un filet d'eau froide pour les rafraîchir.

2. Pelez les agrumes à vif et détachez les quartiers de pulpe. Coupez la viande des Grisons en lanières. Mélangez la mayonnaise avec l'huile d'olive.

3. Mélangez les pâtes avec la mayonnaise, les agrumes, la viande des Grisons et les herbes. Rectifiez l'assaisonnement si besoin.

Salades de torsettes aux champignons croquants. ▶

SALADE DE PÂTES à la sicilienne

Facile · 4 personnes · 15 min · 10 min

- 400 g de penne
- 4 tomates
- 3 filets d'anchois
- 200 g d'olives vertes et noires dénoyautées
- 100 g de fromage de chèvre frais
- 10 cl d'huile d'olive
- Origan
- Sel, poivre

1. Ébouillantez les tomates, passez-les sous l'eau froide et pelez-les. Coupez les tomates en deux et enlevez les graines, puis coupez la chair en lanières. Coupez les olives ainsi que le fromage en dés et les anchois en petits morceaux.

2. Dans un saladier, mélangez tous les ingrédients avec l'huile d'olive, assaisonnez.

3. Faites cuire les pâtes dans une grande quantité d'eau bouillante salée (selon le temps de cuisson figurant sur le paquet). Passez-les sous l'eau froide et égouttez-les.

4. Mélangez les pâtes froides à la préparation dans le saladier.

SALADE DE PENNE RIGATE aux gambas persillées

Facile · 4 personnes · 15 min · 15 min

- 300 g de penne rigate
- 20 gambas
- 4 c. à s. de piperade
- 2 gousses d'ail hachées
- 4 cl de whisky
- 4 cl d'huile d'olive
- 2 cl de vinaigre balsamique
- 4 feuilles de basilic émincées
- 1 poignée de persil haché
- Sel, poivre

1. Faites cuire les pâtes dans une grande quantité d'eau bouillante salée pendant 10 min. Rafraîchissez-les et égouttez-les.

2. Faites tiédir la piperade, ajoutez le basilic et mélangez le tout aux pâtes. Ajoutez le vinaigre balsamique et rectifiez l'assaisonnement.

3. Décortiquez les gambas et ôtez leur tête. Faites chauffer une poêle avec un filet d'huile d'olive et ajoutez les gambas. Assaisonnez et faites-les cuire 1 min de chaque côté. Ajoutez l'ail et le persil hachés, laissez cuire pendant 1 min et flambez au whisky. Versez le tout sur les pâtes et laissez refroidir avant de servir.

Salade de pâtes à la sicilienne. ▶

Salade de pâtes à la piperade

Facile | 4 personnes | 5 min | 10 min

- 400 g de penne rigate
- 1 bocal de piperade
- 10 olives vertes coupées en dés
- 8 tranches de pancetta
- 3 cl de vinaigre balsamique
- Sel, poivre

1. Faites cuire les pâtes dans de l'eau bouillante salée pendant 10 min et refroidissez-les.
2. Coupez les tranches de pancetta en lanières.
3. Mélangez les pâtes avec la piperade, les olives et la pancetta. Puis ajoutez le vinaigre, assaisonnez et mélangez. Servez bien frais.

Tagliatelles au gorgonzola et au jambon cru

Facile | 4 personnes | 15 min | 25 min | Repos : 1 h

- 300 g de tagliatelles fines
- 3 tranches de jambon cru
- 80 g de petits pois
- 50 g de gorgonzola
- 6 c. à s. de vinaigre
- 3 cl d'huile
- 5 cl d'huile de noix
- Sel, poivre

1. Faites cuire les pâtes dans une grande quantité d'eau bouillante salée (selon le temps de cuisson figurant sur le paquet). Une fois cuites, égouttez-les et versez-les dans un saladier.
2. Faites cuire les petits pois dans une casserole d'eau bouillante salée pendant 10 min environ. Passez-les sous l'eau froide pour les refroidir, puis égouttez-les.
3. Coupez le jambon en lanières. Coupez le gorgonzola en morceaux.
4. Réunissez tous les ingrédients avec les pâtes. Assaisonnez, mélangez et laissez reposer pendant 1 h au réfrigérateur.

Salade de pâtes à la piperade. ▶

SALADE DE PÂTES à la mozzarella et basilic

Facile · 4 personnes · 15 min · 10 min

- 100 g de mozzarella cerise
- 100 g de tomates-cerises
- 4 feuilles de basilic haché
- Une demi-gousse d'ail hachée
- 1 c. à s. de moutarde de Dijon
- 2 c. à s. de vinaigre de xérès
- 5 c. à s. d'huile d'olive
- 100 g de pâtes au choix

1. Faites cuire les pâtes dans un grand volume d'eau bouillante salée (selon le temps indiqué sur le paquet). Rafraîchissez-les et égouttez-les.

2. Réalisez une vinaigrette avec la moutarde, le vinaigre et l'huile d'olive.

3. Dans un saladier, mélangez les pâtes, la mozarella, les tomates et le basilic. Ajoutez la vinaigrette, remuez bien et rectifiez l'assaisonnement si besoin.

SALADE DE PÂTES multicolores à la grecque

Facile · 4 personnes · 20 min · 10 min

- 400 g de pâtes multicolores
- 1 concombre
- 300 g de feta
- 4 tomates
- 100 g d'olives noires
- 6 c. à s. d'huile d'olive
- 1 petit bouquet de menthe
- Sel, poivre

1. Faites cuire les pâtes dans une grande quantité d'eau bouillante salée (selon le temps de cuisson figurant sur le paquet). Égouttez-les et passez-les sous l'eau froide.

2. Ébouillantez les tomates, passez-les sous l'eau froide et pelez-les. Coupez les tomates en deux et enlevez les graines et coupez la chair en petits dés.

3. Épluchez le concombre, coupez-le en deux dans la longueur et enlevez les graines avec une petite cuillère, coupez la chair en petits dés.

4. Coupez la feta en petits cubes et hachez la menthe.

5. Dans un saladier, mélangez la feta, la menthe, les olives, les dés de tomates et le concombre avec l'huile d'olive, assaisonnez et mélangez. Ajoutez les pâtes et remuez délicatement. Servez frais.

Salade de pâtes à la mozzarella et basilic. ▶

SALADE DE PÂTES au pesto

Facile | 4 personnes | 10 min | 10 min | Repos : 1 h

- 400 g de farfalle
- 30 g de tomates confites
- 30 g de copeaux de parmesan
- 20 g de pignons de pin
- 12 feuilles de basilic
- 1 gousse d'ail hachée
- 3 cl de vinaigre balsamique
- 10 cl d'huile d'olive
- Sel, poivre

1. Faites cuire les farfalle dans un grand volume de l'eau bouillante salée pendant 10 min. Égouttez-les et refroidissez-les.

2. Dans un bol de mixeur, mettez l'ail, les pignons de pin, le basilic et le parmesan. Mixez et incorporez l'huile d'olive. Assaisonnez.

3. Mettez les farfalle dans un saladier, ajoutez les tomates confites et le vinaigre. Mélangez bien et arrosez avec la sauce pesto. Laissez reposer pendant 1 h au réfrigérateur avant de servir.

TORSADES aux trois haricots

Facile | 4 personnes | 20 min | 15 min | Repos : 1 h

- 300 g de torsades
- 150 g de haricots verts
- 150 g de haricots beurre
- 150 g de haricots plats
- 3 c. à s. de vinaigre de cidre
- 1 c. à s. de moutarde
- 1 c. à s. d'huile de noix
- 2 c. à s. d'huile de tournesol
- 3 c. à s. de fines herbes hachées
- 1 échalote hachée
- Sel, poivre

1. Faites cuire les pâtes dans un grand volume d'eau bouillante salée. Une fois cuites, égouttez-les et versez-les dans un saladier.

2. Faites cuire les trois variétés de haricots pendant 8 min dans un grand volume d'eau bouillante salée. Une fois cuits, passez-les sous l'eau froide pour les rafraîchir et égouttez-les.

3. Confectionnez votre vinaigrette avec la moutarde, l'huile de noix, l'huile de tournesol et le vinaigre. Rectifiez l'assaisonnement.

4. Réunissez tous les ingrédients avec les pâtes, assaisonnez, mélangez et laissez reposer pendant 1 h au réfrigérateur.

Salade de pâtes au pesto. ▶

Torsades tomate-basilic

Facile | 4 personnes | 10 min | 15 min | Repos : 1 h

- 300 g de torsades
- 200 g de tomates-cerises
- 200 g de mozzarella cerise
- 6 feuilles de basilic hachées
- 2 c. à s. de vinaigre de xérès
- 4 c. à s. d'huile d'olive
- 1 pointe d'ail haché
- Sel, poivre

1. Faites cuire les pâtes dans un grand volume d'eau bouillante salée (selon le temps de cuisson figurant sur le paquet). Une fois cuites, égouttez-les et versez-les dans un saladier.
2. Coupez les tomates-cerises en deux.
3. Mélangez le vinaigre de xérès, l'huile d'olive, l'ail et assaisonnez.
4. Réunissez tous les ingrédients avec les pâtes et assaisonnez. Mélangez et laissez reposer pendant 1 h au réfrigérateur.

Salade de macaroni au chou chinois et comté

Facile | 4 personnes | 15 min | 10 min | Réfrig. : 1 h

- 300 g de macaroni
- 100 g de comté coupé en dés
- Un quart de chou chinois
- 4 tranches de jambon blanc
- 4 tomates
- 1 c. à c. de moutarde à l'ancienne
- 3 c. à s. de crème fraîche liquide
- Le jus d'un demi-citron
- 4 cl d'huile d'olive
- 5 feuilles de sauge émincées
- Sel, poivre

1. Faites cuire les pâtes dans une grande quantité d'eau bouillante salée pendant 10 min, puis rafraîchissez-les.
2. Lavez le chou et émincez-le finement. Ôtez le pédoncule des tomates, coupez-les en quatre, enlevez les graines et coupez la chair en dés. Coupez le jambon blanc en petits carrés.
3. Réalisez la vinaigrette en mélangeant la moutarde avec la crème, puis ajoutez le jus de citron, l'huile d'olive, la sauge et assaisonnez le tout.
4. Mélangez les pâtes avec les autres ingrédients, puis ajoutez la vinaigrette, mélangez bien et versez le tout dans un plat. Laissez reposer 1 h au réfrigérateur avant de servir.

Torsades tomate-basilic. ▶

SALADE DE PÂTES aux deux saumons

Facile | 4 personnes | 30 min | 10 min | Marinade : 30 min

- 400 g de pâtes
- 100 g de saumon fumé
- 200 g de saumon frais
- 1 bouquet de ciboulette
- 2 c. à s. de graines de sésame grillées
- 1 échalote

Pour la marinade :
- 1 citron
- 3 c. à s. d'huile d'olive

1. Faites cuire les pâtes dans une grande quantité d'eau bouillante salée (selon le temps de cuisson figurant sur le paquet). Égouttez-les et passez-les sous l'eau froide.

2. Coupez le saumon frais en petits dés. Pressez le citron, ajoutez 3 c. à s. d'huile d'olive et faites mariner les dés de saumon dans ce mélange pendant 15 min, assaisonnez.

3. Triez, lavez et hachez la ciboulette. Pelez et hachez l'échalote. Coupez le saumon fumé en petites lanières.

4. Mélangez tous les ingrédients délicatement et saupoudrez de graines de sésame grillées.

SALADE DE LINGUINE au thon mariné au fenouil

Assez facile | 4 personnes | 20 min | 10 min | Réfrig. : 1 h

- 400 g de linguine
- 300 g de thon cru
- 2 bulbes de fenouil
- 1 oignon haché
- Le jus d'un citron
- 7 cl d'huile d'olive
- 1 pointe de Tabasco
- 3 cl de sauce de soja
- Sel, poivre

1. Ôtez les extrémités des bulbes de fenouil et coupez-les en deux. Retirez le cœur et émincez finement. Plongez-les 3 min dans de l'eau bouillante salée. Rafraîchissez-les.

2. Coupez le thon en dés et mettez-le dans un plat avec le jus de citron, le Tabasco, 5 cl d'huile d'olive, la sauce de soja et l'oignon haché. Assaisonnez, mélangez et réservez au réfrigérateur.

3. Faites cuire les pâtes dans une grande quantité d'eau bouillante salée (selon le temps de cuisson indiqué sur le paquet). Égouttez-les, puis rafraîchissez-les.

4. Mélangez les pâtes avec le fenouil et le thon et sa marinade. Entourez le plat avec un film alimentaire et laissez reposer 1 h au réfrigérateur avant de servir.

Salade de pâtes aux deux saumon. ▶

FARFALLE AUX POIVRONS DOUX

Facile · 4 personnes · 20 min · 15 min · Repos : 1 h

- 400 g de farfalle
- Un quart de poivron rouge
- Un quart de poivron vert
- Un quart de poivron jaune
- 2 gousses d'ail hachées
- 1 pincée de thym
- 4 tomates-cerises
- 30 g de salade Red Chard
- 6 c. à s. de vinaigre
- 30 g de mozzarella râpée
- Sel, poivre

1. Faites cuire les pâtes dans une grande quantité d'eau bouillante salée (selon le temps de cuisson indiqué sur le paquet). Une fois cuites, égouttez-les et versez-les dans un saladier.

2. Ôtez les graines des poivrons et coupez-les en lanières ou en dés. Coupez les tomates-cerises en quatre.

3. Faites chauffer une poêle avec un filet d'huile d'olive et faites revenir les poivrons de 2 à 3 min avec l'ail. Assaisonnez et ajoutez les tomates-cerises et la Red Chard.

4. Réunissez tous les ingrédients avec les pâtes. Assaisonnez, mélangez et laissez reposer pendant 1 h au réfrigérateur.

FARFALLE AU SAUMON FUMÉ *et aux asperges vertes*

Facile · 4 personnes · 15 min · 20 min · Repos : 1 h

- 300 g de farfalle
- 2 tranches de saumon fumé
- 6 asperges vertes
- 2 c. à s. de raifort
- 4 cl d'huile d'olive
- 4 cl de vinaigre balsamique
- Sel, poivre

1. Faites cuire les pâtes dans une grande quantité d'eau bouillante salée (selon le temps de cuisson indiqué sur le paquet). Une fois cuites, égouttez-les et versez-les dans un saladier.

2. Ôtez le pied des asperges et plongez-les 4 min dans une casserole d'eau bouillante salée. Passez-les sous l'eau froide pour les refroidir, égouttez-les et ôtez leur fine peau, puis émincez-les.

3. Coupez le saumon en lanières.

4. Réunissez tous les ingrédients avec les pâtes, assaisonnez et mélangez. Laissez reposer 1 h au réfrigérateur avant de servir.

Farfalle aux poivrons doux. ▶

SALADE DE NOUILLES aux poivrons marinés

FACILE · 4 PERSONNES · 40 MIN · 20 MIN

- 400 g de nouilles
- 4 poivrons
- 10 cl d'huile d'olive
- 2 gousses d'ail
- 1 bouquet de persil
- Sel, poivre

1. Lavez les poivrons, mettez-les dans un plat sous le gril du four, retournez-les de temps en temps jusqu'à ce que la peau devienne noire. Enfermez-les quelques minutes dans un sac en plastique alimentaire, puis pelez-les et enlevez toutes les graines.

2. Pelez et hachez l'ail, hachez le persil.

3. Faites mariner les poivrons dans l'huile d'olive assaisonnée avec l'ail pendant au moins 30 min.

4. Faites cuire les pâtes dans une grande quantité d'eau bouillante salée (selon le temps de cuisson figurant sur le paquet). Égouttez-les et passez-les sous l'eau froide.

5. Mélangez les pâtes avec les poivrons et le persil haché, assaisonnez.

SALADE DE FARFALLE aux pétoncles en chaud-froid

FACILE · 4 PERSONNES · 15 MIN · 25 MIN

- 300 g de farfalle trois couleurs
- 240 g de pétoncles
- 15 cl de fumet de poisson
- 15 cl de crème
- 1 poivron rouge
- 10 pluches d'aneth haché
- 1 filet d'huile d'olive
- Sel, poivre

1. Faites cuire les farfalle dans une grande quantité d'eau bouillante salée pendant 10 min. Rafraîchissez-les et mettez-les dans un plat.

2. Coupez le poivron en deux, ôtez les graines et coupez la chair en petits cubes.

3. Faites chauffer une sauteuse avec un filet d'huile d'olive, ajoutez les cubes de poivron. Laissez cuire 3 min et versez le fumet de poisson par-dessus. Faites bouillir le tout 5 min, puis ajoutez la crème. Laissez en ébullition pendant 5 min.

4. Ajoutez les pétoncles, remettez à ébullition, ajoutez l'aneth et versez le tout sur les pâtes. Servez bien froid.

Salade de nouilles aux poivrons marinés. ▶

ÉPINETTES AU POULET et au comté

Facile | 4 personnes | 20 min | 20 min | Repos : 1 h

- 300 g d'épinettes
- 2 blancs de poulet
- 6 tomates-cerises
- 30 g de feuilles d'épinards
- 50 g de comté
- 1 gousse d'ail hachée
- 4 cl de vinaigre balsamique
- 8 cl d'huile d'olive
- Sel, poivre

1. Faites cuire les pâtes dans une grande quantité d'eau bouillante salée (selon le temps de cuisson indiqué sur le paquet). Une fois cuites, égouttez-les et versez-les dans un saladier.

2. Coupez les blancs de poulet en cubes et assaisonnez-les. Équeutez les épinards et lavez-les, puis émincez les feuilles. Coupez le comté en petits dés. Coupez les tomates-cerises en quatre.

3. Faites chauffer une poêle avec un filet d'huile et faites revenir les blancs de poulet pendant 4 min. Ajoutez les tomates-cerises, l'ail, le vinaigre et portez à ébullition.

4. Versez la préparation sur les pâtes, puis ajoutez les autres ingrédients. Assaisonnez, mélangez et laissez reposer pendant 1 h au réfrigérateur.

SALADE DE COQUILLETTES aux coques

Facile | 4 personnes | 40 min | 30 min | Tremp. : 30 min

- 2 litres de coques
- 1 échalote hachée
- 1 verre de vin blanc sec
- 250 g de coquillettes
- 1 bol de vinaigrette aux fines herbes

Pour la vinaigrette :

- 1 gousse d'ail hachée
- 1 c. à c. de persil haché
- 1 c. à c. de ciboulette émincée
- 1 c. à c. de cerfeuil haché
- 1 c. à c. de coriandre hachée
- 2 ou 3 baies roses concassées
- 1 c. à s. de moutarde
- 2 c. à s. de vinaigre de xérès
- 4 c. à s. d'huile d'olive
- Sel, poivre

1. Lavez les coques à l'eau froide. Placez-les dans une bassine d'eau très salée et laissez-les tremper pendant 30 min. Rincez-les encore et égouttez-les.

2. Pelez l'échalote et hachez-la. Mettez-la avec le vin blanc dans une casserole et laissez bouillir jusqu'à évaporation. Ajoutez les coques et mélangez-les quelques minutes, jusqu'à ce qu'elles s'ouvrent. Égouttez-les, mais gardez le jus. Décoquillez-les.

3. Faites cuire bouillir une grande quantité d'eau salée, versez-y les coquillettes en pluie et mélangez. Laissez cuire de 10 à 12 min, selon les indications portées sur l'emballage. Égouttez-les et rafraîchissez-les. Versez les coquillettes dans un saladier et ajoutez les coques.

4. Pour la vinaigrette : mélangez l'ail avec la moutarde, du sel, du poivre et le vinaigre. Incorporez l'huile en filet, puis toutes les herbes hachées. Ajoutez 2 c. à s. du jus de cuisson des coques, passé au tamis, dans la vinaigrette. Mélangez et versez dans le saladier. Servez la salade tiède ou froide.

Épinettes au poulet et au comté. ▶

Conchiglie rigate aux radis

et aux carottes à l'orange

Facile : 4 personnes : 15 min : 15 min : Repos : 1 h

- 300 g de conchiglie rigate
- 10 radis
- 1 carotte
- 1 orange
- 4 cl de vinaigre
- 10 cl d'huile d'olive
- Sel, poivre

1. Faites cuire les pâtes dans une grande quantité d'eau bouillante salée (selon le temps de cuisson indiqué sur le paquet). Une fois cuites, égouttez-les et versez-les dans un saladier.

2. Ôtez les feuilles des radis, lavez-les et coupez-les en rondelles fines.

3. Épluchez la carotte et râpez-la. Pelez à vif l'orange et prélevez les quartiers de pulpe que vous coupez en petits morceaux. Récupérez le jus.

4. Réunissez tous les ingrédients avec les pâtes. Assaisonnez, mélangez et laissez reposer 1 h au réfrigérateur.

Radiatori à la mozzarella marinée

Facile : 4 personnes : 20 min : 15 min : Repos : 1 h

- 300 g de radiatori
- 1 gousse d'ail hachée
- 200 g de tomates-cerises
- 200 g de mozzarella cerise
- 1 c. à c. d'herbes de Provence
- 10 cl d'huile d'olive
- 1 c. à s. de basilic haché
- 2 c. à s. de parmesan râpé
- 3 c. à s. de vinaigre de xérès
- Sel, poivre

1. Faites cuire les pâtes dans une grande quantité d'eau bouillante salée (selon le temps de cuisson figurant sur le paquet). Une fois cuites, égouttez-les et versez-les dans un saladier.

2. Mélangez l'huile d'olive, le vinaigre, les tomates-cerises, la mozzarella, les herbes de Provence et l'ail haché et réservez au frais pendant 1 h.

3. Mélangez la mozzarella et sa marinade aux pâtes, puis ajoutez le basilic et le parmesan. Rectifiez l'assaisonnement et servez.

Conchiglie rigate aux radis et aux carottes à l'orange. ▶

SALADE DE RIZ À L'ANANAS et jambon de pays

Facile | 4 personnes | 20 min | 10 min | Repos : 1 h

- 200 g de riz long grain
- 1/8 d'ananas
- 3 tranches de jambon de pays
- 10 cl d'huile d'olive
- 6 c. à s. de vinaigre de vin
- 5 c. à s. de persil plat haché
- Sel, poivre

1. Faites cuire le riz dans de l'eau bouillante salée (selon le temps de cuisson indiqué sur le paquet), puis égouttez-le et laissez refroidir.

2. Épluchez l'ananas, ôtez le cœur et coupez la chair en dés. Coupez les tranches de jambon en lanières.

3. Réunissez tous les ingrédients dans un saladier, assaisonnez et mélangez. Laissez reposer pendant 1 h au réfrigérateur.

SALADE DE RIZ aux crevettes et sauce avocat

Facile | 4 personnes | 20 min | 10 min | Repos : 1 h

- 200 g de riz long grain
- 15 crevettes roses cuites
- 1 avocat
- 1 pincée de paprika
- Le jus d'un demi-citron
- 6 c. à s. de sauce cocktail
- 10 pluches de coriandre hachées
- Sel, poivre

1. Faites cuire le riz dans de l'eau bouillante salée (selon le temps de cuisson indiqué sur le paquet). Égouttez-le et laissez refroidir.

2. Décortiquez les crevettes et coupez les queues en cubes.

3. Coupez l'avocat en deux, ôtez le noyau et la peau. Coupez la chair en morceaux. Passez-les au mixeur avec un fond d'eau, le jus de citron et le paprika, assaisonnez. Réservez au frais.

4. Dans un saladier, réunissez le riz avec les crevettes, la coriandre hachée et la sauce cocktail, assaisonnez et mélangez. Laissez reposer pendant 1 h au réfrigérateur.

5. Servez la salade de riz et arrosez-la de sauce à l'avocat.

Salade de riz à l'ananas et jambon de pays. ▶

SALADE D'ÉTÉ à l'aneth

FACILE | 4 PERSONNES | 15 MIN | 10 MIN | RÉFRIG. : 1 H

- 200 g de riz long grain
- 1 tomate coupée en dés
- Un demi-bulbe de fenouil émincé finement
- 1 avocat
- 2 c. à s. d'aneth haché
- 10 cl d'huile d'olive
- Le jus d'un demi-citron
- Sel, poivre

1. Faites cuire le riz dans de l'eau bouillante salée (suivant le temps de cuisson indiqué sur le paquet). Égouttez-le et refroidissez-le.

2. Coupez l'avocat en deux, ôtez le noyau et la peau. Coupez la chair en lamelles.

3. Réunissez tous les ingrédients dans un saladier, assaisonnez, mélangez et laissez 1 h au réfrigérateur.

SALADE DE RIZ aux mange-tout et chorizo

FACILE | 4 PERSONNES | 20 MIN | 10 MIN | REPOS : 1 H

- 200 g de riz long grain
- 15 haricots mangetout
- 10 rondelles de chorizo
- 3 c. à s. de noix de cajou
- 10 cl d'huile d'olive
- 6 c. à s. de vinaigre de vin
- Sel, poivre

1. Faites cuire le riz dans de l'eau bouillante salée (selon le temps de cuisson indiqué sur le paquet), puis égouttez-le et laissez refroidir.

2. Lavez les haricots mangetout et émincez-les finement. Plongez-les 2 min dans de l'eau bouillante salée, rafraîchissez-les et égouttez-les.

3. Coupez les tranches de chorizo en lanières.

4. Réunissez tous les ingrédients dans un saladier, assaisonnez et mélangez. Laissez reposer pendant 1 h au réfrigérateur.

Salade d'été à l'aneth. ▶

SALADE DE RIZ SAUVAGE aux oignons rouges et thon

FACILE | 4 PERSONNES | 20 MIN | 10 MIN | REPOS : 1 H

- 200 g de riz mélangé (noir et blanc)
- 1 oignon rouge
- 1 boîte de thon
- 1 banane
- 10 cl d'huile d'olive
- 6 c. à s. de vinaigre de vin
- Sel, poivre

1. Faites cuire le riz dans de l'eau bouillante salée (suivez le temps de cuisson sur le paquet), puis égouttez-le et refroidissez-le.

2. Épluchez l'oignon rouge et émincez-le finement. Épluchez la banane et coupez-la en rondelles fines. Égouttez le thon et émiettez-le.

3. Réunissez tous les ingrédients dans un saladier, assaisonnez et mélangez. Laissez reposer pendant 1 h au réfrigérateur.

SALADE DE RIZ au melon vert, tomates-cerises et mozzarella

FACILE | 4 PERSONNES | 15 MIN | 10 MIN | REPOS : 1 H

- 200 g de riz long grain
- Un quart de melon vert
- 8 tomates-cerises
- 8 mini-boules de mozzarella
- 10 cl d'huile d'olive
- 5 c. à s. de vinaigre de vin
- Sel, poivre

1. Faites cuire le riz dans de l'eau bouillante salée (selon le temps de cuisson indiqué sur le paquet), puis égouttez-le et laissez refroidir.

2. Épluchez le melon, épépinez-le et coupez la chair en petits dés. Coupez les tomates-cerises en quatre.

3. Réunissez tous les ingrédients dans un saladier, assaisonnez et mélangez. Laissez reposer pendant 1 h au réfrigérateur.

Salade de riz sauvage aux oignons rouges et thon. ▶

SALADE DE RIZ au thon et aux fruits frais

Facile | 4 personnes | 15 min | 10 min

- 220 g de riz
- 1 boîte de thon
- 2 tomates
- 1 brugnon
- 1 pomme granny-smith
- 1 pêche
- Le jus d'un citron
- 5 cl d'huile d'olive
- Sel, poivre

1. Faites cuire le riz dans de l'eau bouillante salée pendant 10 min. Égouttez-le et laissez refroidir.

2. Lavez et coupez les tomates en gros dés. Émiettez le thon. Lavez les fruits et coupez-les en dés ou en lamelles.

3. Dans un bol, mélangez le jus de citron avec sel et poivre et incorporez l'huile d'olive.

4. Dans un saladier, mélangez le riz avec le thon, les tomates et les fruits, puis ajoutez la vinaigrette au citron. Mélangez, parsemez un peu de menthe ciselée et servez.

SALADE DE RIZ au fenouil et huile de sésame

Facile | 4 personnes | 15 min | 10 min | Repos : 1 h

- 200 g de riz long grain
- 2 tomates
- 1 bulbe de fenouil
- 30 g de concombre
- 10 cl d'huile d'olive
- 6 c. à s. de vinaigre de vin
- 5 feuilles de basilic émincées
- Sel, poivre

1. Faites cuire le riz dans de l'eau bouillante salée (selon le temps de cuisson indiqué sur le paquet), puis égouttez-le et laissez refroidir.

2. Ôtez les extrémités du bulbe de fenouil et coupez-le en deux. Enlevez le cœur et émincez le fenouil finement. Coupez le concombre en rondelles. Ôtez le pédoncule des tomates, coupez-les en deux et émincez-les.

3. Réunissez tous les ingrédients dans un saladier, assaisonnez et mélangez. Laissez reposer pendant 1 h au réfrigérateur.

Salade de riz au thon et aux fruits frais. ▶

SALADE DE RIZ au cabillaud et fruits de la passion

Facile | 4 personnes | 20 min | 13 min | Repos : 1 h

- 200 g de riz long grain
- 2 pavés de cabillaud
- 2 fruits de la passion
- 10 cl d'huile d'olive
- 2 c. à s. de vinaigre de vin
- Sel, poivre

1. Faites cuire le riz dans de l'eau bouillante salée (selon le temps de cuisson indiqué sur le paquet), puis égouttez-le et laissez refroidir.
2. Assaisonnez le cabillaud et faites-le cuire de 2 à 3 min à la vapeur. Laissez-le refroidir et effeuillez-le.
3. Coupez les fruits de la passion en deux et récupérez les graines ainsi que le jus.
4. Réunissez tous les ingrédients dans un saladier, assaisonnez et mélangez. Laissez reposer pendant 1 h au réfrigérateur.

SALADE DE RIZ aux pétoncles et pommes granny

Facile | 4 personnes | 20 min | 10 min | Repos : 1 h

- 200 g de riz long grain
- 80 g de pétoncles
- 1 pomme granny
- 15 cl de crème
- 15 cl d'huile d'olive
- 2 c. à s. de vinaigre de vin
- Sel, poivre

1. Faites cuire le riz dans de l'eau bouillante salée (selon le temps de cuisson indiqué sur le paquet), puis égouttez-le et laissez refroidir.
2. Faites chauffer une poêle avec un filet d'huile d'olive, puis faites revenir les pétoncles 30 secondes. Ajoutez la crème, portez le tout à ébullition. Ajoutez le mélange au riz.
3. Coupez la pomme en deux, ôtez les pépins et coupez la chair en lanières fines.
4. Réunissez tous les ingrédients dans un saladier, assaisonnez et mélangez. Laissez reposer pendant 1 h au réfrigérateur.

Salade de riz au cabillaud et fruits de la passion. ▶

SALADE DE RIZ au melon et magrets fumés

Facile · 4 personnes · 15 min · 10 min · Repos : 1 h

- 200 g de riz long grain
- Un quart de melon
- 10 tranches de magrets fumés
- 6 c. à s. de jus de pamplemousse
- 10 cl d'huile d'olive
- 2 c. à s. de vinaigre de vin
- 8 pluches de coriandre
- Sel, poivre

1. Faites cuire le riz dans de l'eau bouillante salée (selon le temps de cuisson indiqué sur le paquet), puis égouttez-le et laissez refroidir.

2. Épluchez le melon et ôtez les graines, coupez la chair en petits dés. Coupez les tranches de magrets fumés en lanières.

3. Réunissez tous les ingrédients dans un saladier, assaisonnez et mélangez. Laissez reposer pendant 1 h au réfrigérateur.

SALADE DE RIZ au crabe

Facile · 4 personnes · 20 min · 10 min

- 200 g de riz longs grains
- 2 c. à s. d'huile
- Tabasco
- 250 g de chair de crabe (fraîche ou en boîte)
- 1 tasse de vinaigrette aux fines herbes
- Sel, poivre

Pour la vinaigrette aux fines herbes :

- 1 c. à s. de jus de citron
- 1 c. à c. de moutarde forte
- 3 c. à s. d'huile
- 1 bouquet de fines herbes (ciboulette, cerfeuil, persil)
- Sel, poivre

1. Faites cuire le riz dans une grande quantité d'eau salée bouillante (selon le temps de cuisson indiqué sur le paquet). Égouttez-le et laissez-le refroidir.

2. Déposez le riz dans un saladier. Ajoutez 1 ou 2 gouttes de Tabasco dans l'huile et versez-la sur le riz. Mélangez.

3. Dans une tasse, déposez une pincée de sel et du poivre, ajoutez la moutarde ainsi que le jus de citron et mélangez. Incorporez peu à peu l'huile en filet, en fouettant le mélange pour l'émulsionner. Ajoutez les fines herbes ciselées et mélangez bien.

4. Émiettez la chair de crabe et enlevez les cartilages. Déposez-la sur le riz. Versez dessus la vinaigrette aux fines herbes. Mélangez. Goûtez et rectifiez l'assaisonnement. Servez frais.

Salade de riz au melon et magrets fumés. ▶

SALADE DE RIZ SAFRANÉ et sifflets de poireaux

Facile | 4 personnes | 15 min | 15 min | Repos : 1 h

- 200 g de riz long grain
- 2 blancs de poireaux
- 1 pointe de safran
- 10 cl d'huile d'olive
- 2 c. à s. d'œufs de lump noirs
- 2 c. à s. d'œufs de lump rouges
- 5 c. à s. de vinaigre de vin
- Sel, poivre

1. Faites cuire le riz dans de l'eau bouillante salée (selon le temps de cuisson indiqué sur le paquet), puis égouttez-le et laissez refroidir. Ajoutez le safran.

2. Coupez les blancs de poireaux en biais et faites-les cuire pendant 5 min (départ eau bouillante salée). Égouttez-les.

3. Réunissez tous les ingrédients dans un saladier, assaisonnez et mélangez. Laissez reposer pendant 1 h au réfrigérateur.

SALADE DE RIZ SAUVAGE aux gambas et coriandre

Facile | 4 personnes | 20 min | 13 min | Repos : 1 h

- 200 g de riz mélangé (noir et blanc)
- 16 gambas
- 10 pluches de coriandre
- 8 tomates-cerises
- 1 gousse d'ail hachée
- 4 cl de whisky
- 10 cl d'huile d'olive
- 4 c. à s. de vinaigre de vin
- Sel, poivre

1. Faites cuire le riz dans de l'eau bouillante salée (suivez le temps de cuisson sur le paquet), puis égouttez-le et laissez refroidir.

2. Ôtez la tête des gambas et décortiquez les queues. Assaisonnez-les. Coupez les tomates-cerises en quatre. Hachez la coriandre.

3. Faites chauffer une poêle avec un filet d'huile d'olive, puis faites cuire les gambas 1 min de chaque côté. Ajoutez l'ail et les tomates-cerises. Poursuivez la cuisson 1 min et flambez avec le whisky. Ajoutez la coriandre hachée.

4. Versez le tout sur le riz. Ajoutez l'huile d'olive ainsi que le vinaigre, assaisonnez et mélangez. Laissez reposer pendant 1 h au réfrigérateur.

Salade de riz safrané et sifflets de poireaux. ▶

SALADE DE RIZ au surimi et brugnon

FACILE | 4 PERSONNES | 20 MIN | 10 MIN | REPOS : 1 H

- 200 g de riz long grain
- 8 bâtonnets de surimi
- 1 brugnon
- 4 tiges de ciboulette émincées
- 1 oignon de printemps émincé

Pour la vinaigrette :

- Le jus d'un citron
- 4 c. à s. de vinaigre de vin
- 10 cl d'huile d'olive
- Sel, poivre

1. Faites cuire le riz dans de l'eau bouillante salée (selon le temps de cuisson indiqué sur le paquet), puis égouttez-le et laissez refroidir.
2. Lavez le brugnon, coupez-le en deux, ôtez le noyau et coupez la chair en petits dés. Coupez les bâtonnets de surimi en petits morceaux.
3. Mélangez le sel et le poivre, le jus de citron, le vinaigre et l'huile d'olive.
4. Réunissez tous les ingrédients dans un saladier, assaisonnez et arrosez-les avec la sauce. Mélangez bien et laissez reposer pendant 1 h au réfrigérateur.

SALADE DE RIZ aux avocats et pamplemousse

FACILE | 4 PERSONNES | 20 MIN | 10 MIN | REPOS : 1 H

- 200 g de riz long grain
- 2 avocats
- 1 pamplemousse
- 4 c. à s. de mayonnaise
- 10 cl d'huile d'olive
- Sel, poivre

1. Faites cuire le riz dans de l'eau bouillante salée (selon le temps de cuisson indiqué sur le paquet), puis égouttez-le et laissez refroidir.
2. Coupez les avocats en deux, ôtez le noyau et la peau. Coupez la chair en lamelles ou en cubes.
3. Pelez le pamplemousse à vif, récupérez les quartiers de pulpe et coupez-les en dés.
4. Réunissez tous les ingrédients dans un saladier, assaisonnez et mélangez. Laissez reposer pendant 1 h au réfrigérateur.

Salade de riz au surimi et brugnon. ▶

SALADE DE RIZ BLANC à la poitrine fumée et haricots verts

FACILE · 4 PERSONNES · 25 MIN · 27 MIN · REPOS : 1 H

- 200 g de riz long grain
- 100 g de haricots verts
- 10 tranches de poitrine fumée
- 6 c. à s. de vinaigre de vin
- 1 gousse d'ail hachée
- 4 c. à s. de persil haché
- Huile d'olive
- Sel, poivre

1. Faites cuire le riz dans de l'eau bouillante salée (selon le temps de cuisson indiqué sur le paquet), puis égouttez-le et laissez refroidir.

2. Faites cuire les haricots (départ eau bouillante salée) pendant 12 min environ. Égouttez-les et faites-les refroidir. Coupez-les grossièrement. Réservez 4 tranches de poitrine et coupez les autres en petits dés.

3. Faites chauffer une poêle avec un filet d'huile d'olive et ajoutez les lardons et l'ail. Laissez cuire 2 min, puis ajoutez les haricots verts. Assaisonnez et poursuivez la cuisson 2 min. Ajoutez le vinaigre et le persil et versez le tout sur le riz. Mélangez et laissez reposer pendant 1 h au réfrigérateur.

4. Faites chauffer une poêle et faites griller les tranches de poitrine 30 secondes de chaque côté. Servez la salade de riz et ajoutez une tranche de poitrine fumée grillée sur la salade.

SALADE DE RIZ SAUVAGE à la mangue et au poulet

FACILE · 4 PERSONNES · 20 MIN · 14 MIN · REPOS : 1 H

- 200 g de riz mélangé (noir et blanc)
- 1 mangue mûre
- 3 blancs de poulet
- 15 cl d'huile d'olive
- 6 c. à s. de vinaigre de vin
- Sel, poivre

1. Faites cuire le riz dans de l'eau bouillante salée (selon le temps de cuisson indiqué sur le paquet), puis égouttez-le et laissez refroidir.

2. Épluchez la mangue, récupérez la chair et coupez-la en lanières. Ôtez les nerfs des blancs de poulet et coupez-les en petits cubes. Assaisonnez.

3. Faites chauffer une poêle avec 5 cl d'huile d'olive, puis ajoutez les dés de poulet. Faites-les cuire 2 min de chaque côté. Ajoutez les lanières de mangue. Laissez cuire 2 min et versez le tout sur le riz.

4. Mélangez en ajoutant le vinaigre et l'huile, assaisonnez. Laissez reposer pendant 1 h au réfrigérateur.

Salade de riz blanc à la poitrine fumée et haricots verts. ▶

TABOULÉ

Facile | 4 personnes | 30 min | Repos : 2 h

- 100 g de boulgour
- 3 bouquets de persil
- 1 bouquet de menthe
- 4 citrons
- 4 échalotes
- 5 tomates
- 10 c. à s. d'huile d'olive
- Sel, poivre

1. Faites tremper le boulgour dans de l'eau tiède pendant 15 min avec le jus d'un citron.

2. Ôtez le pédoncule des tomates, ébouillantez-les, passez-les sous l'eau froide et pelez-les. Coupez les tomates en 2 et enlevez les graines. Coupez la chair en petits cubes.

3. Triez, lavez et hachez le persil et la menthe. Pelez et hachez les échalotes. Égouttez le boulgour et séchez-le dans un torchon.

4. Dans un saladier, mélangez tous les ingrédients, arrosez avec le jus des citrons et l'huile d'olive, salez et poivrez, remuez délicatement et laissez au réfrigérateur pendant au moins 2 h.

TABOULÉ DE BLÉ *aux petits légumes*

Facile | 4 personnes | 25 min | 25 min

- 250 g de blé dur précuit (de type Ébly)
- 1 carotte coupée en petits dés
- 1 poivron jaune coupé en petits dés
- 1 courgette
- Un demi-oignon haché
- 1 c. à c. de moutarde à l'ancienne
- 3 c. à s. de vinaigre de xérès
- 6 c. à s. d'huile de pépins de raisin
- 1 filet d'huile d'olive
- Sel, poivre

1. Plongez le blé 10 min environ dans de l'eau bouillante salée, puis rafraîchissez et laissez égoutter.

2. Récupérez le vert de la courgette et coupez-le en dés.

3. Faites chauffer une poêle avec un filet d'huile d'olive et faites-y revenir les dés de carotte, l'oignon et le poivron pendant 8 min environ. Ajoutez les dés de courgette et poursuivez la cuisson 5 min. Assaisonnez et ajoutez les légumes au blé. Mélangez.

4. Pour la vinaigrette, mélangez la moutarde avec le vinaigre, assaisonnez et incorporez l'huile de pépins de raisin. Arrosez le taboulé au blé avec la vinaigrette et mélangez bien. Vous pouvez ajouter du basilic haché.

Taboulé. ▶

SALADE DE BOULGOUR aux petits légumes et à la menthe fraîche

FACILE | 4 PERSONNES | 15 MIN | 10 MIN | REPOS : 1 H

- ✔ 150 g de boulgour
- ✔ 1 courgette coupée en dés
- ✔ 1 carotte coupée en dés
- ✔ 1 tige de céleri-branche émincée
- ✔ 1 bulbe de fenouil

Pour l'assaisonnement :

- ✔ 12 feuilles de menthe ciselées
- ✔ 4 gouttes de Tabasco
- ✔ 4 cl d'huile d'olive
- ✔ Sel, poivre

1. Faites cuire le boulgour pendant 10 min à l'eau bouillante salée et refroidissez-le.

2. Faites cuire séparément la courgette et la carotte en dés à l'eau bouillante salée pendant 3 min. Refroidissez-les et égouttez-les.

3. Coupez le fenouil en deux et émincez le cœur.

4. Mélangez le boulgour avec la courgette, la carotte, le fenouil et le céleri-branche. Assaisonnez, ajoutez le Tabasco, l'huile d'olive et la menthe.

5. Recouvrez le plat d'un film alimentaire et laissez reposer 1 h au réfrigérateur. Servez bien frais.

TABOULÉ aux agrumes et concombre

FACILE | 4 PERSONNES | 25 MIN | 5 MIN

- ✔ 300 g de graines de couscous
- ✔ Un quart de concombre
- ✔ Un demi-citron vert
- ✔ Une demi-orange
- ✔ Un demi-pamplemousse
- ✔ Un demi-oignon haché
- ✔ 35 cl de bouillon de légumes
- ✔ 10 cl d'huile d'olive + 1 filet
- ✔ 2 c. à s. de menthe émincée
- ✔ Sel, poivre

1. Placez la semoule dans un plat creux et mélangez-la avec l'huile d'olive.

2. Pelez à vif les agrumes et récupérez les quartiers de pulpe. Coupez-les en petits morceaux. Coupez le concombre en deux, ôtez les graines, émincez-le finement.

3. Faites revenir l'oignon à l'huile d'olive pendant 2 min dans une casserole. Ajoutez le bouillon et faites bouillir le tout 2 min. Assaisonnez et versez le mélange sur la semoule. Couvrez le plat et laissez gonfler 5 min.

4. Égrainez le couscous à l'aide d'une fourchette. Ajoutez les quartiers de pulpe d'agrumes, les lamelles de concombre et la menthe émincée. Servez bien frais.

Salade de boulgour aux petits légumes et à la menthe fraîche. ▶

Salade de semoule complète

Assez facile · 6 personnes · 10 min · 20 min · Macér. : 3 h

- 150 g de semoule de couscous complète
- 400 g de tomates
- 1 gros poivron rouge
- 1 petit bouquet de persil plat
- 3 c. à s. de jus de citron
- 2 c. à s. de raisins secs
- Sel

Pour la sauce :

- 1/2 c. à c. de curry
- 1/2 c. à c. de semoule d'ail
- 2 c. à s. de vinaigre de xérès
- 4 c. à s. d'huile d'olive
- 1 c. à s. d'huile de noix
- Sel

1. Faites bouillir 15 cl d'eau avec 1 c. à c. de sel fin. Versez sur la semoule, couvrez et laissez reposer jusqu'à ce que tout le liquide soit absorbé. Faites tremper les raisins dans de l'eau tiède.

2. Glissez le poivron sous le gril du four et laissez-le noircir de tous côtés en le tournant régulièrement. Pelez les tomates, retirez les graines et coupez la pulpe en dés. Hachez finement le persil.

3. Retirez la peau, le pédoncule, les graines et les filaments du poivron. Coupez la pulpe en petits carrés.

4. Travaillez la semoule à la main pour l'égrener. Ajoutez les tomates, le poivron, les raisins égouttés, le persil et le jus de citron. Mélangez soigneusement.

5. Préparez la sauce : mélangez tous les ingrédients dans un bol et émulsionnez le tout à la fourchette. Versez sur la salade, mélangez et laissez macérer au moins 3 h au frais.

Taboulé au quinoa

Facile · 6 personnes · 25 min · 15 min

- 200 g de quinoa
- 1 poignée de haricots verts
- 1 poignée de petits pois
- Sel

Pour la vinaigrette :

- 1 botte d'oignons nouveaux
- 1 c. à s. de moutarde
- 2 c. à s. de jus de citron
- 4 c. à s. d'huile d'olive
- 1 c. à s. de menthe fraîche hachée
- 1 c. à s. de ciboulette fraîche hachée
- Sel, poivre

1. Remplissez une casserole d'eau et salez-la. Portez à ébullition, puis faites-y cuire le quinoa pendant environ 15 min. Laissez-le ensuite complètement refroidir.

2. Faites cuire les haricots verts et les petits pois à la vapeur pendant 5 min.

3. Préparez la vinaigrette : coupez finement les oignons. Dans un plat creux, mélangez la moutarde, le jus de citron, l'huile d'olive, la menthe, la ciboulette et les oignons.

4. Incorporez dans la sauce le quinoa, les haricots et les petits pois. Mélangez bien. Laissez la préparation dans le réfrigérateur jusqu'au moment de la servir, bien fraîche.

Salade de semoule complète. ▶

SALADE DE POISSONS, sauce romesco

FACILE · 4 PERSONNES · 30 MIN

- 50 g d'anchois en conserve
- 100 g de thon en conserve
- 1 salade
- 1 pomme de terre cuite à l'eau
- 1 c. à s d'huile d'olive
- 1 c. à s. de vinaigre de xérès
- 4 c. à s. de sauce romesco
- 1 poivron jaune coupé en lanières
- Sel, poivre

1. Égouttez les anchois et coupez-les en biais. Égouttez le thon et émiettez-le. Séparez les feuilles de salade, lavez-les et séchez-les. Pelez la pomme de terre et coupez-la en cubes.

2. Garnissez un grand plat avec les feuilles de salade. Versez l'huile d'olive et le vinaigre de xérès dans la sauce romesco. Goûtez et rectifiez l'assaisonnement. Versez cette sauce sur le lit de salade et remuez.

3. Ajoutez le thon, la pomme de terre et le poivron, mélangez une nouvelle fois, puis répartissez la préparation dans des assiettes individuelles. Garnissez avec les filets d'anchois et servez frais.

SALADE PARMENTIÈRE aux harengs et céleri

FACILE · 4 PERSONNES · 20 MIN · 30 MIN · REPOS : 1-2 H

- 600 g de pommes de terre à chair ferme
- 250 g de harengs fumés doux
- 6 branches de céleri
- 1 oignon
- 1/2 c. à s. de moutarde
- 2 c. à s. de vinaigre de xérès
- 4 c. à s. d'huile de tournesol
- Sel, poivre

1. Lavez les pommes de terre. Faites-les cuire pendant une trentaine de minutes dans de l'eau bouillante salée. Égouttez-les et laissez-les refroidir avant de les éplucher et de les couper en morceaux.

2. Coupez les filets de harengs en gros dés. Lavez et tronçonnez les branches de céleri. Pelez et coupez l'oignon en rondelles fines.

3. Mettez tous ces ingrédients dans un saladier avec les pommes de terre.

4. Préparez une vinaigrette en mélangeant le sel et le poivre, la moutarde, le vinaigre et l'huile. Versez sur la salade parmentière et mélangez bien. Laissez reposer pendant 1 à 2 h au réfrigérateur. Servez très frais.

Salade de poisson, sauce romesco. ▶

SALADE DE MESCLUN *au saumon mariné*

Facile · 4 personnes · 30 min · Marinade : 30 min

- 200 g de saumon fumé
- 800 g de mesclun
- 2 citrons
- 1 échalote
- 1 petit bouquet de persil
- 1 petit bouquet de ciboulette
- 1 petit bouquet d'aneth
- 1 petit bouquet de cerfeuil
- 4 c. à s. d'huile d'olive
- 2 c. à s. de vinaigre
- Fleur de sel, poivre

1. Coupez le poisson en escalopes le plus finement possible, disposez-les sur un plat assez grand pour que les tranches ne se superposent pas.

2. Pelez et hachez finement l'échalote, lavez et hachez le persil, la ciboulette et l'aneth. Lavez et effeuillez le cerfeuil. Pressez les citrons, versez le jus sur le poisson, salez et poivrez. Répartissez ensuite l'échalote et les herbes, puis versez l'huile d'olive. Laissez mariner au frais pendant 15 min.

3. Triez, lavez le mesclun, assaisonnez-le et répartissez-le sur les assiettes. Ajoutez le saumon mariné et parsemez de pluches de cerfeuil.

SALADE TIÈDE DE POISSONS *à la moutarde*

Facile · 4 personnes · 30 min · 5 min

- 2 pavés de saumon
- 2 filets de poisson blanc (flétan, dorade, rascasse…)
- 4 c. à s. de moutarde
- 2 échalotes
- 3 c. à s. de vinaigre
- 20 cl de crème fraîche liquide
- Une noix de beurre
- 1 salade feuille de chêne

1. Découpez les poissons en petits cubes. Dans un saladier, mélangez-les avec la moutarde. Réservez au frais.

2. Pelez et hachez très finement les échalotes, puis faites-les revenir dans une petite casserole à feu doux avec une noix de beurre.

3. Ajoutez le vinaigre, laissez réduire de moitié, puis ajoutez la crème fraîche et laissez encore réduire d'un tiers.

4. Triez et lavez la salade, puis répartissez-la dans les assiettes.

5. Déposez les poissons sur une feuille de papier sulfurisé, puis faites-les cuire à 200 °C (th. 6-7) de 5 à 6 min. Répartissez-les sur la salade et arrosez avec la sauce à la crème chaude. Servez aussitôt.

Salade de mesclun au saumon mariné. ▶

SALADE DE RAIE au jus de truffe

Assez facile | 4 personnes | 20 min | 20 min

- 4 petites ailes de raie
- 10 cl de jus de truffe
- 150 g de champignons de Paris
- 1 bouquet de ciboulette
- 200 g de mesclun
- 50 cl de fumet de poisson
- 6 c. à s. de d'huile de tournesol
- Sel, poivre

1. Portez à ébullition le fumet de poisson, puis plongez-y les ailes de raie et laissez frémir pendant 15 à 20 min. Ôtez-les de la casserole et placez-les au réfrigérateur.

2. Mélangez l'huile et le jus de truffe, assaisonnez. Lavez et hachez la ciboulette. Lavez et coupez les champignons en lamelles fines. Enlevez le cartilage des ailes de raie et effeuillez-les.

3. Déposez un peu de mesclun dans chaque assiette, puis des morceaux de raie, les champignons en lamelles et arrosez de sauce au jus de truffe, parsemez de ciboulette hachée.

SALADE DE RAIE et d'olives

Facile | 4 personnes | 20 min | 10 min

- Une demi-salade romaine
- 1 aile de raie
- 5 olives noires
- Le jus d'un demi-citron
- Un quart oignon rouge
- 3 c. à s. d'huile d'olive
- 10 brins de ciboulette

1. Lavez, enlevez la nervure centrale de la salade et essorez-la. Hachez les olives et mélangez avec l'huile et le jus de citron. Hachez la ciboulette et l'oignon.

2. Faites cuire l'aile de raie pendant 10 min dans de l'eau salée et laissez refroidir. Égouttez la raie et détachez en morceaux.

3. Posez les morceaux de raie sur un lit de salade, parsemez d'oignon et de ciboulette hachés et versez la vinaigrette aux olives.

Salade de raie au jus de truffe. ▶

SALADE « FOLLE » de fruits et de légumes, au saumon fumé

FACILE | 4 PERSONNES | 25 MIN | 20 MIN

- 4 pommes de terre
- 1 oignon rouge
- 4 tranches de saumon fumé
- 4 pommes légèrement acides

Pour la sauce :

- 3 c. à s. d'huile d'olive
- 1 c. à s. de crème allégée
- Poivre

1. Lavez les pommes de terre puis, sans les éplucher, faites-les aussitôt cuire à l'eau pendant 20 min. À la fin de la cuisson, égouttez-les et épluchez-les avant de les détailler en rondelles. Mettez-les dans un plat creux.
2. Épluchez et émincez l'oignon. Détaillez les tranches de poisson en lanières. Épluchez les pommes et coupez-les en quartiers. Retirez le cœur et les pépins. Coupez chaque quartier en tranches fines.
3. Ajoutez ces ingrédients dans le plat contenant les pommes de terre. Arrosez d'huile d'olive et de crème, poivrez et mélangez délicatement. Servez frais.

SALADE DE SAUMON à l'orange

FACILE | 4 PERSONNES | 20 MIN

- 500 g de mélange de salade
- 200 g de saumon frais
- 1 échalote
- 2 oranges
- 3 c. à s. d'huile d'olive
- Sel, poivre

1. Lavez la salade et essorez-la. Coupez le saumon en tranches fines. Épluchez l'échalote et hachez-la. Pressez les oranges.
2. Faites mariner les tranches de saumon dans le jus des oranges avec l'échalote hachée, l'huile d'olive, salez et poivrez fortement.
3. Réservez le saumon au frais pendant 15 min.
4. Posez les tranches de saumon sur la salade répartie sur quatre assiettes et assaisonnez d'un filet de marinade.

Salade « folle » de fruits et de légumes, au saumon fumé. ▶

MESCLUN DE SALADE en carpaccio de haddock mariné

Facile | 4 personnes | 10 min | Marinade : 20 min

- 4 filets de haddock fumé
- 150 g de mesclun
- 10 tomates confites coupées en petits dés
- 1 citron vert
- 1 filet de vinaigre balsamique
- 8 cl d'huile d'olive
- Sel, poivre

1. Coupez les filets de haddock en tranches très fines et disposez-les à plat sur quatre assiettes.

2. Pressez le jus du citron vert et mélangez-le avec l'huile d'olive, sel et poivre. Badigeonnez les carpaccios de haddock avec la sauce et ajoutez les tomates confites. Recouvrez les assiettes d'un film alimentaire et laissez mariner pendant 20 min au réfrigérateur.

3. Assaisonnez le mesclun avec un filet de vinaigre et d'huile, sel, poivre. Répartissez sur le carpaccio.

SALADE DE HARICOTS VERTS et carpaccio de haddock au vinaigre de framboise

Facile | 4 personnes | 20 min | 20 min

- 400 g de haricots verts
- 300 g de haddock, morceau pas trop près de la queue (aiglefin ou églefin fumé)
- Le jus de 2 citrons
- 4 c. à s. d'huile d'olive
- 2 c. à s. de vinaigre de framboise
- Graines de sésame, graines de nigelle et de moutarde
- Fleur de sel, poivre

1. Si vous aimez la cuisine vapeur, faites cuire les haricots équeutés de 15 à 20 min. Sinon, optez pour la cuisson classique à l'eau bouillante, temps de cuisson quasi identique.

2. Pendant ce temps, coupez des tranchettes de haddock. Citronnez les haricots cuits et le haddock, en réservant 1 c. à s. de jus de citron pour la vinaigrette. Mélangez en salade.

3. Dans un bol, mixez ou fouettez 4 c. à s. d'huile d'olive, 1 c. à s. de jus de citron, 2 c. à s. de vinaigre de framboise. Salez et poivrez. Rectifiez si besoin cet assaisonnement. Le petit goût framboisé est essentiel sans donner trop d'acidité pour autant.

4. Ajoutez à la sauce les graines de sésame, de nigelle et de moutarde (1 c. à c. de chaque), puis versez sur le mélange haricots-haddock et mélangez bien avant de servir.

Mesclun de salade en carpaccio de haddock mariné. ▶

SALADE DE CHICORÉE au thon et aux olives

Facile | 6 personnes | 15 min

- 1 chicorée frisée (ou une salade de votre choix)
- 1 boîte de thon
- 24 olives noires
- 1 bouquet de persil plat ciselé

Pour la vinaigrette :
- 1 filet d'huile d'olive
- 2 c. à s. de vinaigre de vin
- Sel, poivre

1. Lavez et essorez la salade, puis émincez les feuilles. Égouttez et émiettez le thon à la fourchette.

2. Mettez ces deux ingrédients dans un plat creux, ajoutez les olives et le persil ciselé. Mélangez.

3. Préparez la sauce : mélangez l'huile d'olive et le vinaigre de vin. Salez, poivrez, puis versez sur la salade et servez frais.

SALADE DE FENOUIL et de chou au thon

Facile | 4 personnes | 20 min | 5 min | Marinade : 15 min

- 2 bulbes de fenouil
- 1 oignon
- 4 c. à s. de mayonnaise
- Un demi-chou blanc
- 3 oranges
- 4 tranches de thon rouge de 150 à 200 g
- 1 c. à s. d'huile d'olive
- 1 c. à s. de vinaigre de xérès
- Sel, poivre

1. Pelez les oranges à vif et détachez les quartiers de pulpe. Coupez le chou et les bulbes de fenouil en deux, ôtez le trognon puis détaillez-les en tranches fines. Trempez-les 2 min dans de l'eau bouillante salée et rafraîchissez-les.

2. Épluchez l'oignon, coupez-le en deux et émincez-le. Mélangez le chou, le fenouil, les oranges, la mayonnaise et les oignons, puis salez et poivrez. Laissez mariner la salade pendant 15 min au réfrigérateur.

3. Assaisonnez puis poêlez les tranches de thon de 2 à 3 min sur chaque face avec l'huile d'olive, puis ajoutez le vinaigre de xérès en fin de cuisson.

4. Répartissez la salade dans quatre assiettes, déposez une tranche de thon et servez.

Salade de chicorée au thon et aux olives. ▶

Salade de pommes de terre au thon

Facile | 4 personnes | 20 min | 25 min

- 750 à 800 g de pommes de terre (belle de Fontenay)
- 1 boîte de thon à l'huile
- 1 citron
- 1 échalote
- Un demi-verre de vin blanc
- 4 c. à s. d'huile
- 1 oignon
- 1/2 c. à c. de fleurs de thym
- 1 feuille de laurier
- Quelques graines de coriandre
- Sel, cayenne

1. Égouttez le thon et émiettez-le. Arrosez-le de jus de citron.

2. Lavez les pommes de terre. Faites-les cuire dans une casserole d'eau salée pendant 25 min environ. Testez la cuisson avec une fourchette avant de les sortir du récipient.

3. Pelez l'échalote et hachez-la.

4. Pelez les pommes de terre encore chaudes et coupez-les en rondelles pas trop fines. Déposez-les au fur et à mesure dans un saladier. Saupoudrez-les d'échalote hachée et arrosez-les de vin blanc sec. Laissez les pommes de terre s'en imprégner.

5. Ajoutez les miettes de thon dans le saladier lorsque les pommes de terre sont froides. Ajoutez à la vinaigrette l'huile de la boîte de conserve et versez le tout sur les ingrédients du saladier. Goûtez et rectifiez l'assaisonnement. Servez froid.

Salade de soja au crabe

Facile | 4 personnes | 20 min

- 200 g de germes de soja
- 2 carottes
- 1 radis noir
- 1 boîte de chair de crabe
- 1 bouquet de ciboulette
- 1 c. à c. d'huile de noix
- 4 c. à s. d'huile d'arachide
- 1 citron

1. Pelez, lavez et râpez les carottes et le radis noir. Lavez et hachez la ciboulette. Pressez le citron. Effilochez la chair de crabe.

2. Mélangez tous les ingrédients dans un saladier et assaisonnez.

Salade de pommes de terre au thon. ▶

SALADE DE ROQUETTE *et bulots*

FACILE | 4 PERSONNES | 30 MIN | 15 MIN

- 1 litre de bulots
- 400 g de roquette
- 2 échalotes
- 1 bouquet de persil
- 5 c. à s. d'huile d'olive
- 2 c. à s. de vinaigre balsamique
- Sel, poivre

1. Triez et lavez la roquette. Rincez abondamment les bulots à l'eau claire, puis faites-les cuire 15 min dans un court-bouillon et laissez-les refroidir dedans.

2. Confectionnez une vinaigrette avec l'huile d'olive, le vinaigre balsamique et les échalotes coupées en fines rondelles.

3. Décoquillez les bulots. Servez la roquette assaisonnée avec les bulots et dégustez.

SALADE DE CROSNES *aux moules*

FACILE | 4 PERSONNES | 15 MIN | 45 MIN

- 500 g de pommes de terre
- 1 verre de vin blanc
- 300 g de crosnes
- Gros sel
- 1 c. à s. de farine
- 1,5 litre de moules
- 1 cœur de céleri
- 8 c. à s. d'huile d'arachide
- 2 c. à s. de vinaigre de xérès
- Estragon
- Sel, poivre

1. Lavez soigneusement les pommes de terre, sans les éplucher. Dans une casserole d'eau salée, faites-les cuire en robe des champs pendant 20 min. Égouttez-les, puis laissez-les tiédir avant de les éplucher et de les couper en fines rondelles. Arrosez-les de vin blanc, mélangez délicatement et réservez.

2. Lavez soigneusement les crosnes avant de bien les égoutter. Coupez les radicelles. Mettez les crosnes dans un torchon propre et saupoudrez de gros sel. Rabattez la moitié du torchon et frottez pour débarrasser les crosnes des peaux sèches. Lavez-les à nouveau.

3. Dans une casserole d'eau bouillante salée et farinée, faites cuire les crosnes pendant 20 min avant de les égoutter.

4. Grattez les moules, faites-les ouvrir à feu vif et ôtez les coquilles des moules ouvertes. Lavez, égouttez et émincez le cœur de céleri.

5. Préparez une vinaigrette en mélangeant l'huile d'arachide, le vinaigre de xérès, l'estragon, du sel et du poivre.

6. Dans un saladier, mettez les crosnes, les pommes de terre, les moules décoquillées et le céleri émincé. Arrosez de vinaigrette, mélangez et servez aussitôt.

Salade de roquette et bulots. ▶

SALADE DE MOULES dans leurs coquilles

Facile · 4 personnes · 30 min · 5 min

- 1 litre de grosses moules
- 1 branche de céleri
- 1 poivron
- 1 petit piment
- 1 tomate
- 1 citron
- 1 bouquet de ciboulette
- 4 c. à s. d'huile d'olive
- Sel, poivre

1. Triez et lavez les moules, faites-les ouvrir dans une casserole sur feu vif avec un couvercle pendant 5 min, puis décoquillez-les.

2. Lavez et coupez en petits dés le céleri, le poivron et le piment. Pelez le citron à vif et découpez-le en petits dés. Lavez et hachez la ciboulette.

3. Dans un saladier, mélangez tous les éléments avec l'huile d'olive, assaisonnez et remplissez les coquilles de moules avec cette salade. Dégustez froid.

SALADE DE COQUES au fenouil et à l'orange

Facile · 4 personnes · 30 min · 15 min

- 1 bulbe de fenouil émincé finement
- 250 g de coquillettes
- 2 litres de coques
- 1 échalote hachée
- 1 verre de vin blanc
- 2 oranges

Pour l'assaisonnement :
- 2 cl d'huile d'olive
- Cerfeuil et persil hachés
- 3 gouttes de Tabasco
- 1 orange
- Sel, poivre

1. Lavez les coques à l'eau froide. Dans une marmite, mettez à bouillir un grand volume d'eau froide avec le vin blanc et l'échalote. Ajoutez les coques, couvrez et laissez cuire 4 min environ. Égouttez les coques, réservez le jus, et décoquillez les coques.

2. Faites cuire les coquillettes dans une grande quantité d'eau bouillante salée pendant 10 min. Égouttez-les et rafraîchissez-les.

3. Triez et lavez le cerfeuil et le persil. Pressez une des oranges. Épluchez les 2 oranges restantes et détachez les quartiers de pulpe.

4. Dans un saladier, mélangez les coquillettes, les coques, un peu de jus de cuisson, le fenouil et les quartiers d'oranges.

5. Faites une vinaigrette avec l'huile d'olive, le jus d'orange, le Tabasco, le cerfeuil et le persil haché. Assaisonnez, puis nappez-en la salade avant de servir.

Salade de moules dans leurs coquilles. ▶

CLAMS EN SALADE TIÈDE de vermicelle et de menthe

FACILE | 4 PERSONNES | 20 MIN | 6 MIN

- 100 g de vermicelle de riz
- 1 kg de clams
- 3 gousses d'ail hachées
- 3 échalotes hachées
- 100 g de haricots mangetout
- 100 g de pousses de soja
- 1 poivron rouge
- Le jus d'un citron
- 1 c. à s. de vinaigre de xérès
- 1 c. à s. d'huile d'olive
- 3 c. à s. de coriandre hachée
- 2 c. à s. de vin de xérès
- 4 c. à s. de sauce de soja
- 2 c. à s. de ciboule émincée en rondelles
- 6 feuilles de menthe hachées
- 1 carotte râpée

1. Lavez les clams dans de l'eau froide. Faites cuire le vermicelle comme indiqué sur le sachet, égouttez-le et laissez refroidir. Équeutez, épépinez et découpez le poivron rouge en lanières fines.

2. Faites chauffer l'huile dans un wok, ajoutez les échalotes, les clams ainsi que l'ail et faites revenir pendant 5 min.

3. Ajoutez les pousses de soja, le vermicelle, les haricots mangetout, le vin de xérès, la carotte râpée, et faites cuire pendant 1 min.

4. Hors du feu, ajoutez la menthe, la ciboule, le vinaigre, le poivron rouge, la coriandre, le jus de citron et la sauce de soja. Servez sans attendre.

PÉTONCLES EN JEUNES POUSSES DE SALADE aux éclats de pignons de pin

FACILE | 6 PERSONNES | 15 MIN | 5 MIN

- 48 pétoncles
- 500 g de mesclun
- 1 endive
- 30 g de pignons de pin grillés
- Huile d'olive
- 3 cl de vinaigre balsamique
- 5 cl d'huile de colza
- Sel, poivre

1. Coupez l'endive en deux dans sa largeur. Ôtez le cœur et émincez-la finement. Mélangez-la avec le mesclun. Assaisonnez les pétoncles.

2. Faites chauffer l'huile d'olive dans une poêle et faites colorer les pétoncles 1 min de chaque côté.

3. Posez-les sur du papier absorbant. Ajoutez le vinaigre balsamique dans la poêle et laissez réduire. Ajoutez l'huile de colza et les pignons de pin.

4. Dressez la salade au centre des assiettes, disposez les pétoncles par-dessus, arrosez avec le jus et les pignons de pin.

Clams en salade tiède de vermicelle et de menthe. ▶

Salade de Saint-Jacques *poêlées à l'aneth*

Facile · 4 personnes · 10 min · 7 min

- 20 noix de Saint-Jacques
- 2 bulbes de fenouil
- 8 tomates-cerises
- 100 g de mesclun
- Le jus d'un citron
- 10 feuilles d'aneth
- 2 c. à s. de vinaigre de xérès
- 10 cl d'huile d'olive
- Sel, poivre

1. Enlevez l'extrémité de bulbes de fenouil et coupez-les en deux. Émincez les cœurs. Faites-les sauter à l'huile d'olive pendant 5 min. Assaisonnez et mettez-les dans un saladier.

2. Assaisonnez les Saint-Jacques. Faites chauffer une poêle avec un filet d'huile d'olive et faites-les sauter 1 min de chaque côté. Ajoutez-les au fenouil.

3. Assaisonnez le tout avec le vinaigre, le jus de citron, l'huile d'olive. Coupez les tomates-cerises, incorporez-les au mélange ainsi que l'aneth et le mesclun.

4. Laissez reposer pendant 30 min au réfrigérateur avant de servir.

Saint-Jacques en salade

Facile · 4 personnes · 10 min · 8 min

- 8 grosses noix de Saint-Jacques
- 100 g de mâche
- 50 g de pourpier
- 2 c. à s. d'huile d'olive
- 1 c. à s. d'huile de noix
- 1 c. à s. de vinaigre balsamique
- 1 c. à c. d'eau minérale très peu minéralisée
- Fleur de sel

1. Nettoyez la mâche et le pourpier, rincez-les, essorez-les et répartissez-les dans quatre assiettes.

2. Mélangez les huiles avec l'eau minérale et assaisonnez-en la salade. Retirez le ligament qui entoure les noix de Saint-Jacques. Rincez-les, épongez-les et coupez-les en deux dans l'épaisseur.

3. Faites chauffer une poêle à revêtement antiadhésif. Saisissez-y les noix à feu vif 1 min de chaque côté. Disposez-les en corolle dans les assiettes, au centre de la salade. Parsemez-les d'un peu de fleur de sel.

4. Déglacez la poêle avec le vinaigre balsamique en grattant le fond avec une spatule, puis arrosez-en la salade. Servez aussitôt.

Salade de Saint-Jacques poêlées à l'aneth. ►

Salade de queues d'écrevisses

aux jeunes poireaux

Facile | 4 personnes | 15 min | 10 min

- 120 g de queues d'écrevisses cuites
- 5 jeunes poireaux fins
- 80 g de pousses d'épinard
- 8 tomates-cerises
- 5 cornichons coupés en petits dés
- 10 feuilles d'aneth
- 2 échalotes hachées
- 3 gouttes de Tabasco
- 4 cl de vinaigrette
- 1 filet d'huile d'olive
- Sel, poivre

1. Fendez les poireaux en deux et lavez-les. Coupez-les en biseau ou en tranches épaisses et faites-les cuire à la vapeur (ils doivent rester croquants). Rafraîchissez-les.

2. Triez et lavez les pousses d'épinard. Égouttez les queues d'écrevisse et décortiquez-les.

3. Dans un bol, mélangez les cornichons, les échalotes, les feuilles d'aneth, le Tabasco et la vinaigrette.

4. Mélangez les poireaux avec les pousses d'épinard, les queues d'écrevisse et les tomates-cerises. Arrosez le tout avec la sauce et laissez couler un filet d'huile d'olive dessus.

Salade de langoustines

Assez facile | 4 personnes | 20 min | 3 min

- 16 langoustines
- 1 pincée de piment de Cayenne
- Quelques feuilles de laitue
- Quelques feuilles de chicorée de trévise
- 1 bol de mayonnaise
- 1 c. à s. de ketchup
- 1 c. à s. de persil haché
- Gros sel

1. Faites chauffer une grande casserole d'eau salée avec une pincée de piment de Cayenne. Dès qu'elle frémit, jetez dedans les langoustines et laissez-les cuire de 2 à 3 min, pas plus.

2. Égouttez-les et rafraîchissez-les sous le robinet d'eau froide. Enlevez la tête des langoustines et décortiquez la queue en veillant à enlever le boyau noir. Gardez-les au frais.

3. Rincez les feuilles de salade et détaillez la trévise. Dans un saladier, disposez les feuilles de laitue au fond.

4. Mélangez le ketchup à la mayonnaise. Goûtez et rectifiez l'assaisonnement, si nécessaire. Ajoutez les queues de langoustines dedans et mélangez.

5. Disposez les queues de langoustines dans le saladier en les faisant alterner avec des feuilles de trévise. Parsemez de persil haché. Servez frais.

Salade de queues d'écrevisses aux jeunes poiseaux. ▶

SALADE DE GAMBAS à la pancetta et à la mangue

FACILE : 4 PERSONNES : 15 MIN : 12 MIN

- 12 gambas
- 4 tranches de pancetta
- 200 g de riz
- 50 g de roquette
- 1 mangue
- 1 pamplemousse
- 1 filet d'huile d'olive
- Sel, poivre

1. Faites cuire le riz départ eau bouillante salée pendant 10 min. Égouttez-le et refroidissez-le.

2. Décortiquez les gambas et faites-les cuire 1 min de chaque côté à la poêle avec un filet d'huile d'olive. Laissez-les refroidir.

3. Coupez la pancetta en lanières. Épluchez et coupez la mangue en lanières. Pelez à vif le pamplemousse et récupérez les quartiers de pulpe. Mélangez tous les ingrédients, assaisonnez et ajoutez un filet d'huile d'olive.

4. Répartissez la roquette dans les assiettes, puis la préparation et servez.

GAMBAS à la salade de citrons

FACILE : 4 PERSONNES : 25 MIN : 8 MIN

- 4 gambas
- 4 citrons jaunes non traités
- 1 avocat bien mûr
- 1 c. à s. d'huile d'olive
- 1 c. à c. de vinaigre balsamique
- 6 brins de persil
- 4 pincées de piment d'Espelette
- Sel fin, poivre noir

1. Pelez les citrons. Ôtez les parties blanches, puis découpez la chair en dés. Pelez l'avocat, ouvrez-le en deux pour ôter le noyau et coupez la chair en petits morceaux. Disposez l'ensemble dans une assiette creuse.

2. Rincez les gambas, puis alignez-les dans le bac de cuisson d'un cuit-vapeur. Remplissez le réservoir d'eau et programmez le minuteur à 8 min.

3. Pendant ce temps, assaisonnez la salade de citrons en mélangeant le sel, le poivre, l'huile d'olive, le vinaigre balsamique et le persil ciselé avec le piment d'Espelette.

4. Sortez les gambas du cuit-vapeur, épluchez-les et déposez-les sur la salade d'agrumes. Servez sans attendre.

Salade de gambas à la pancetta et à la mangue. ▶

Salade thaïe

Facile | 4 personnes | 40 min | 10 min

- 50 g de carotte
- 50 g de chou blanc
- 200 g de filet de porc
- 200 g de blanc de poulet (sans la peau)
- 200 g de crevettes bouquet
- 3 c. à s. de pâte de curry grillée
- 3 c. à s. de sauce de poisson
- 3 c. à s. de sucre
- 3 c. à s. de jus de citron
- 50 g de noix de cajou concassées
- 3 c. à s. d'huile
- Quelques feuilles de salade

1. Grattez la carotte. Lavez et parez le chou blanc. Coupez ces deux ingrédients en lanières très fines. Lavez et essorez les feuilles de salade. Disposez-les sur un plat de service.

2. Taillez la viande de porc et de poulet en lanières d'environ 3 cm de long pour 1 cm de large. Faites-les cuire séparément à feu moyen, pendant 2 min chacun, dans 1 c. à s. d'huile. Disposez-les sur le lit de salade.

3. Faites revenir les crevettes décortiquées pendant 1 ou 2 min dans le reste d'huile. Laissez-les un peu refroidir, puis disposez-les sur le lit de salade.

4. Dans un poêlon, délayez la pâte de curry, la sauce de poisson et le sucre avec un peu d'eau. Portez à ébullition puis, hors du feu, ajoutez le jus de citron et les noix de cajou. Mélangez bien. Laissez un peu refroidir, puis arrosez les deux viandes et les crevettes avec cette sauce.

Salade des îles

Facile | 4 personnes | 15 min

- 40 crevettes roses
- 50 g de chair de crabe
- 100 g de mâche
- 1 piment vert
- 2 fruits de la passion
- 1 mangue mûre
- Le jus d'un citron vert
- 1 filet d'huile d'olive
- Sel, poivre

1. Épluchez et coupez la mangue en petits dés. Décortiquez les crevettes.

2. Coupez les fruits de la passion en deux et récupérez la pulpe. Triez et lavez la mâche. Épépinez le piment et émincez-le.

3. Émiettez la chair de crabe dans un saladier, puis ajoutez les dés de mangue, les crevettes, les fruits de la passion, le piment, le jus de citron et l'huile d'olive. Mélangez et assaisonnez.

4. Dans quatre assiettes, répartissez la mâche et ajoutez la salade de crabe au milieu.

Salade thaïe. ▶

SALADE D'AVOCAT aux crevettes et pamplemousse

FACILE | 4 PERSONNES | 20 MIN

- 24 crevettes roses
- 2 avocats
- 1 pamplemousse
- 80 g de pousses de soja
- 5 feuilles de coriandre
- Un demi-citron

Pour l'assaisonnement :

- 1 c. à s. de mayonnaise
- 2 gouttes de Tabasco
- 1 filet d'huile d'olive
- Sel, poivre

1. Épluchez et coupez les avocats en deux. Enlevez le noyau et recoupez-les en deux dans le sens de la longueur. Citronnez les tranches pour qu'elles ne noircissent pas.

2. Pelez le pamplemousse à vif et récupérez les quartiers de pulpe. Coupez-les en dés. Décortiquez les crevettes et coupez les queues en petits morceaux. Ciselez les feuilles de coriandre.

3. Dans un saladier, mélangez les crevettes avec les pousses de soja, le pamplemousse, la coriandre, la mayonnaise et le Tabasco. Ajoutez un filet d'huile d'olive et assaisonnez le tout.

4. Dans quatre assiettes, posez une tranche d'avocat, puis un peu de salade de crevettes et une autre tranche d'avocat. Servez bien frais.

SALADE AUX DÉLICES DES ANTILLES

FACILE | 4 PERSONNES | 20 MIN

- 8 crevettes roses
- 150 g de mesclun
- 4 cœurs de palmier
- 2 avocats
- 1 poivron rouge
- Un quart d'ananas
- 1 orange

Pour la vinaigrette coco-vanille :

- Une demi-gousse de vanille
- 5 cl de lait de coco
- Le jus d'un citron vert
- 8 cl d'huile d'olive
- Sel, poivre

1. Triez et lavez le mesclun. Épluchez l'ananas, enlevez le cœur et coupez-le en petits dés. Coupez le poivron en deux, épépinez-le et coupez-le en lanières. Coupez grossièrement les cœurs de palmier.

2. Pelez à vif l'orange et récupérez les quartiers de pulpe. Épluchez les avocats, coupez-les en deux, enlevez le noyau et émincez la chair. Décortiquez les crevettes.

3. Pour réaliser la vinaigrette : fendez la gousse de vanille et récupérez les petites graines noires. Mélangez-les avec le lait de coco, le jus de citron vert, le sel et le poivre. Incorporez l'huile d'olive en fouettant pour émulsionner la sauce.

4. Répartissez les ingrédients entre quatre assiettes et arrosez le tout de vinaigrette coco-vanille.

Salade d'avocat aux crevettes et aux pamplemousses. ▶

Salade de poulpe

Facile | 4 personnes | 1 h | 1 h

- 1 petit poulpe
- 600 g de pommes de terre
- 2 oignons blancs
- 1 bouquet de persil
- 1 œuf
- 1 c. à s. de moutarde
- 10 cl d'huile d'olive
- 1 pincée de safran
- 2 tomates

1. Faitds cuire le poulpe à l'autocuiseur pendant 40 min. Laissez-le refroidir et enlevez la peau, découpez-le en tronçons de 2 ou 3 cm.

2. Pelez et lavez les pommes de terre. Faites-les cuire à la vapeur pendant 20 min et coupez-les en rondelles.

3. Pour la mayonnaise : mélangez la moutarde et le jaune d'œuf, puis fouettez en incorporant petit à petit l'huile d'olive, ajoutez le safran.

4. Ébouillantez les tomates, passez-les sous l'eau froide et pelez-les. Coupez les tomates en deux et enlevez les graines, détaillez-les en cubes Lavez et hachez le persil.

5. Dans un saladier, mélangez tous les éléments avec la mayonnaise.

Salade de calamars *aux poivrons et haricots rouges*

Facile | 4 personnes | 15 min | 17 min

- 400 g de calamars
- 4 œufs
- 1 boîte de haricots rouges cuits
- 1 poivron rouge
- 1 poivron jaune
- 1 oignon haché
- 1 branche de thym-citron

Pour la vinaigrette :

- 3 cl de vinaigre de framboise
- 5 cl d'huile d'olive
- Sel, poivre

1. Faites cuire les œufs 10 min dans de l'eau bouillante salée et refroidissez-les. Écalez-les et coupez-les en rondelles. Coupez les calamars en lanières. Lavez, épépinez et coupez les poivrons en lanières.

2. Faites chauffer une poêle avec de l'huile d'olive et faites revenir les oignons hachés ainsi que les calamars pendant 2 min. Ajoutez les poivrons et le thym, assaisonnez et laissez cuire 5 min. Versez le tout dans un plat et laissez refroidir.

3. Égouttez les haricots rouges et rincez-les. Ajoutez-les au mélange de calamars ainsi que les œufs.

4. Préparez la sauce en mélangeant le vinaigre, l'huile d'olive, le sel et le poivre. Versez sur la salade et mélangez. Servez bien frais.

Salade de poulpes. ▶

SALADE CROUSTILLANTE de poulet

Facile : 4 personnes : 20 min : 10 min

- 100 g de vermicelles de soja
- 4 blancs de poulet
- 150 g de haricots mangetout
- 1 petit piment rouge
- 1 oignon rouge
- 1 gousse d'ail
- 2 c. à s. de miel
- 4 c. à s. de xérès
- 1 filet d'huile
- 1 bain de friture

1. Coupez les blancs de poulet en lanières, ainsi que les haricots mangetout. Hachez le piment rouge. Pelez et émincez l'oignon rouge. Pelez et hachez la gousse d'ail.

2. Faites chauffer un bain de friture à 180 °C et plongez-y les vermicelles de soja 2 min environ. Égouttez-les sur du papier absorbant.

3. Faites chauffer un filet d'huile dans un wok, puis faites revenir l'oignon rouge, l'ail et le piment pendant 2 min. Ajoutez les lanières de poulet et de haricots mangetout ainsi que le miel et laissez cuire 5 min environ.

4. Déglacez avec le xérès, mélangez bien et versez le tout sur les vermicelles de soja.

SALADE DE POULET au maïs

Facile : 4 personnes : 20 min

- 3 blancs de poulet cuits
- 1 petite boîte de maïs au naturel
- 2 tranches d'ananas ou 1 boîte (200 g) d'ananas au naturel
- 2 tiges de céleri-branche
- 1 citron
- 1 tasse de mayonnaise
- 2 c. à s. de crème fraîche
- 1 pincée de cayenne
- Sel, poivre

1. Détaillez les blancs de poulet en lanières.

2. Égouttez le maïs et rincez-le sous le robinet d'eau froide. Détaillez l'ananas en dés. Rincez le céleri-branche et détaillez-le en petites rondelles.

3. Déposez les ingrédients dans un saladier.

4. Fouettez ensemble la mayonnaise, la crème fraîche et le jus du citron. Goûtez et rectifiez l'assaisonnement. Relevez-le avec une pincée de cayenne.

5. Versez la sauce dans le saladier et mélangez les ingrédients. Servez frais.

Salade croustillante de poulet. ▶

SALADE DE POULET et tomates confites

Facile · 4 personnes · 25 min · 5 min · Marinade : 30 min

- 3 blancs de poulet
- 30 g de tomates confites
- 100 g de mesclun
- 1 filet d'huile d'olive

Pour la marinade :

- 2 cl de sauce de soja
- 3 gouttes de Tabasco
- 1 pointe de curry
- 1 feuille de laurier
- 1 branche de thym-citron
- Sel, poivre

1. Coupez les blancs de poulet en lanières et mettez-les dans un plat avec le curry, le Tabasco, le laurier, le thym et la sauce de soja. Assaisonnez et mélangez le tout. Recouvrez d'un film alimentaire et laissez au réfrigérateur pendant 30 min.

2. Égouttez les lanières de poulet en conservant la marinade. Faites chauffer une poêle avec de l'huile d'olive et faites cuire la viande 2 min de chaque côté. Ajoutez les tomates confites et laissez refroidir.

3. Répartissez le mesclun sur quatre assiettes. Ajoutez le mélange poulet-tomates confites et arrosez le tout de marinade.

SALADE DE POULET à la coriandre

Facile · 4 personnes · 20 min · 1 min

- 2 blancs de poulet
- 25 cl de bouillon de volaille
- 3 c. à s. de coriandre hachée
- 150 g de salade
- 2 c. à s. de nuoc-mam
- 2 c. à s. d'huile d'olive
- 1 c. à s. de vinaigre de vin
- 1 c. à s. de miel
- 1 c. à c. d'huile de sésame rôti

1. Portez à ébullition le bouillon de volaille, puis plongez-y les blancs de poulet et laissez cuire 1 min avant de retirer du feu. Laissez refroidir les blancs dans le bouillon.

2. Réalisez une vinaigrette avec l'huile d'olive et l'huile de sésame rôti, le miel, le nuoc-mam et le vinaigre. Assaisonnez-en la salade et ajoutez la coriandre hachée.

3. Coupez le poulet froid en tranches fines et servez-les mélangées à la salade.

Salade de poulet et tomates confites. ▶

Émincé de dinde au miel en salade

Facile | 4 personnes | 20 min | 10 min

- 1 salade (feuille de chêne)
- 300 g d'escalopes de dinde
- 20 g de miel
- Le jus d'un citron
- 1 c. à s. de pignons de pin
- 2 tomates
- 1 oignon rouge
- Sel, poivre

1. Triez et lavez la salade. Émincez l'oignon et coupez les tomates en quartiers (pour la décoration).

2. Coupez les escalopes en lanières. Faites mariner les lanières avec le miel et le citron. Réservez-les au frais pendant 15 min.

3. Dans une poêle, faites revenir la viande jusqu'à caramélisation, puis réservez au frais.

4. Mettez la salade en dôme au centre de l'assiette, déposez les lanières de dinde dessus, les pignons de pin, l'oignon, les quartiers de tomates et servez.

Salade de poulet à l'ananas et aux cacahuètes

Facile | 6 personnes | 30 min | Repos : 1 h

- 800 g de blancs de poulet cuits
- 100 g de cacahuètes non salées
- 2 branches de céleri
- 1 ananas d'environ 1,5 kg
- 200 g de mayonnaise
- Sel, poivre

1. Détaillez les blancs de poulet en dés. Versez les cacahuètes dans un mortier et concassez-les grossièrement au pilon. Lavez les branches de céleri, retirez la partie fibreuse des côtes et coupez les branches en dés.

2. Coupez l'ananas en deux dans sa longueur, sans retirer le plumet. Évidez chaque moitié de fruit, sans abîmer l'écorce. Réservez les deux coques d'ananas au frais et détaillez la pulpe en dés.

3. Mettez les dés de poulet dans un plat creux. Ajoutez-y les cacahuètes, le céleri et l'ananas. Incorporez la mayonnaise, salez et poivrez, puis mélangez le tout. Placez la préparation au réfrigérateur et laissez-la reposer au moins 1 h.

4. Juste au moment de servir, sortez la préparation du réfrigérateur et farcissez-en les deux coques d'ananas. Servez frais.

Émincé de dinde au miel en salade. ▶

SALADE DE MESCLUN au poulet et aux tomates confites

Facile | 4 personnes | 10 min | 5 min | Marinade : 30 min

- 3 blancs de poulet crus
- 100 g de mesclun
- 30 g de tomates confites
- 2 cl de sauce de soja
- 3 gouttes de Tabasco
- 1 pointe de curry
- 1 feuille de laurier
- 1 branche de thym citronné
- 1 filet d'huile d'olive

1. Coupez les blancs de poulet en lanières et mettez-les dans un plat avec le curry, le Tabasco, le laurier, le thym et la sauce de soja. Assaisonnez et mélangez le tout. Recouvrez d'un film alimentaire et laissez reposer 30 mi nau réfrigérateur.
2. Égouttez le poulet en gardant la marinade. Dans de l'huile d'olive chaude, faites cuire les lanières de poulet 2 min de chaque côté. Ajoutez les tomates confites et laissez refroidir.
3. Répartissez le mesclun sur les quatre assiettes, puis le mélange poulet-tomates confites et arrosez le tout de marinade.

SALADE DE BLANC DE VOLAILLE au curry et au sésame

Facile | 4 personnes | 15 min | 6 min

- 4 escalopes de volaille
- 1 laitue
- 8 tomates-cerises
- 30 g de copeaux de parmesan
- 1 poignée de croûtons frottés à l'ail
- 15 g de graines de sésame
- 1 c. à c. de curry
- 1 filet d'huile d'olive

Pour l'assaisonnement :

- 1 jaune d'œuf
- 1 c. a c. de moutarde à l'ancienne
- 1 gousse d'ail hachée
- 1 c. à c. de sauce de soja
- 1 c. à c. de sauce anglaise
- 10 cl d'huile de sésame
- Sel, poivre

1. Assaisonnez les escalopes et saupoudrez-les de curry et de graines de sésame.
2. Faites chauffer une poêle avec un filet d'huile d'olive et faites cuire les escalopes 3 min de chaque côté. Coupez-les en lanières et laissez-les refroidir.
3. Triez, effeuillez et lavez la laitue.
4. Dans un bol, fouettez le jaune d'œuf avec la moutarde, l'ail haché et assaisonnez. Ajoutez l'huile de sésame en fouettant énergiquement, puis la sauce de soja et la sauce anglaise.
5. Dressez la laitue dans les assiettes, ajoutez les tomates-cerises, les croûtons et les lanières de volaille. Arrosez le tout avec la sauce et parsemez de copeaux de parmesan.

Salade de mesclun au poulet et aux tomates confites. ▶

SALADE DE VOLAILLE aux fruits frais

Facile | 4 personnes | 30 min | 20 min

- 1 sachet de court-bouillon prêt à l'emploi
- 4 filets de poulet, pour un poids total d'environ 480 g
- 1 pamplemousse rose
- 1 melon
- 2 c. à s. d'huile d'olive
- 1 c. à s. de vinaigre balsamique
- 1 citron
- Sel, poivre

1. Délayez le sachet de court-bouillon dans 50 cl d'eau. Faites chauffer et faites-y pocher les filets de poulet pendant 20 min, en maintenant l'eau frémissante. À la fin de la cuisson, retirez le récipient du feu et laissez refroidir les filets dans son bouillon de cuisson. Coupez-les ensuite en lanières.

2. Épluchez le pamplemousse à vif. Détachez les quartiers de pulpe. Retirez délicatement la petite peau qui enveloppe chaque quartier. Divisez chaque quartier en deux.

3. Partagez le melon en deux, retirez toutes les graines et les fibres. Coupez la chair en dés.

4. Dans un bol, mélangez le sel, le poivre, l'huile d'olive, le vinaigre balsamique et le jus de citron.

5. Répartissez les lanières de poulet dans quatre coupelles individuelles. Répartissez ensuite par-dessus les morceaux de pamplemousse et de melon, puis arrosez de sauce. Servez frais.

SALADE MEXICAINE à la salsa

Facile | 4 personnes | 15 min | 7 min

- 4 escalopes de volaille
- 3 tomates coupées grossièrement
- 3 piments verts Serrano
- 120 g de mesclun
- 10 feuilles de coriandre
- 2 oignons émincés
- 6 cl d'huile d'olive
- 3 g d'épices mexicaines
- Sel, poivre

1. Taillez les escalopes en lanières, assaisonnez-les et faites-les sauter à l'huile d'olive pendant 6 min. Retirez-les et saupoudrez-les d'épices mexicaines. Laissez refroidir.

2. Concassez les piments et faites-les sauter 1 min à l'huile d'olive.

3. Dans un bol de mixeur, réunissez les oignons, les tomates, les piments, la coriandre et l'huile d'olive. Mixez jusqu'à l'obtention d'une sauce.

4. Répartissez le mesclun dans les assiettes, disposez les lanières de volaille et nappez de sauce salsa. Vous pouvez ajouter du maïs et des haricots rouges.

Salade de volaille aux fruits frais. ▶

SALADE DE CERF aux légumes croquants

Assez facile · 4 personnes · 20 min · Marinade : 1 h + 1 nuit

- 400 g de viande de cerf coupée en lanières
- Le jus de 2 citrons
- 1 branche d'estragon
- 1 oignon rouge émincé
- 1 gousse d'ail
- 1 bouquet de persil plat
- 1 pincée de piment de Cayenne
- 2 c. à s. de sauce de soja
- 1 carotte
- 1 betterave rouge
- 1 céleri-rave
- 5 cl de vinaigre balsamique
- 8 cl d'huile d'olive
- Sel, poivre

1. Épluchez la carotte, la betterave, le céleri-rave, puis râpez-les. Versez-les dans un plat creux, ajoutez de l'eau à hauteur, des glaçons, et laissez-les tremper 1 nuit.

2. Mettez la viande dans un plat creux, ajoutez les jus de citron, le piment de Cayenne, la branche d'estragon et la sauce de soja. Assaisonnez, mélangez bien et recouvrez d'un film alimentaire. Laissez mariner pendant 1 h au réfrigérateur.

3. Pelez et écrasez la gousse d'ail. Triez, lavez et hachez le persil.

4. Égouttez la viande et assaisonnez-la avec l'ail et le persil. Égouttez les légumes et mélangez-les au vinaigre balsamique et à l'huile d'olive.

5. Assaisonnez, ajoutez les lanières de cerf aux légumes, mélangez bien et servez.

SALADE DE BŒUF aux poivrons

Facile · 4 personnes · 35 min · Marinade : 30 min

- 400 g de bœuf à fondue
- 3 poivrons
- 2 piments longs
- 4 c. à s. de sauce de soja
- 1 c. à s. d'huile de sésame
- 3 c. à s. d'huile d'arachide
- 50 g de graines de sésame dorées

1. Lavez les piments, coupez-les en deux dans la longueur, épépinez-les et émincez-les très finement.

2. Coupez la viande de bœuf en fines lamelles, puis faites-les mariner 30 min dans un bol avec la moitié de la sauce de soja et la moitié des piments.

3. Lavez les poivrons, coupez-les en deux, épépinez-les et émincez-les très finement.

4. Faites revenir les lamelles de bœuf dans l'huile d'arachide très chaude pendant 2 min. Mélangez tous les éléments avec l'huile de sésame, parsemez de graines de sésame et servez immédiatement.

Salade de cerf aux légumes croquants. ▶

SALADE TIÈDE DE BŒUF à la thaïlandaise

Facile | 4 personnes | 30 min

- 400 g de bœuf à fondue
- 4 carottes
- 2 poivrons
- 200 g de germes de soja
- 2 piments longs
- 4 c. à s. de sauce de soja
- 1 c. à s. d'huile de sésame
- 3 c. à s. d'huile d'arachide
- 50 g de graines de sésame doré

1. Lavez les piments, coupez-les en deux dans la longueur, enlevez les graines et émincez-les très finement. Coupez le bœuf en lamelles fines, faites-le mariner dans un bol avec la moitié de la sauce de soja et la moitié des piments.

2. Épluchez et lavez les carottes, puis râpez-les. Lavez les poivrons, coupez-les en deux, enlevez les graines et émincez-les très finement.

3. Dans un saladier, mélangez les carottes, les poivrons, les germes de soja et les piments, assaisonnez avec les deux huiles et le reste de sauce de soja. Répartissez la salade dans les bols.

4. Faites chauffer le bœuf 30 secondes au micro-ondes, déposez-le sur la salade. Saupoudrez de graines de sésame et servez sans attendre.

SALADE DE BŒUF RÔTI à l'huile de sésame

Assez facile | 4 personnes | 30 min | 15 min

- 300 g de filet de bœuf
- 1 carotte
- 1 concombre
- 1 oignon rouge
- 1 barquette de soja
- 2 pièces de sucrine
- 4 feuilles de chou chinois
- 1 botte de ciboulette
- 1 botte de coriandre
- 1 botte de basilic

Pour l'assaisonnement :

- 1 bâtonnet de citronnelle
- 1/2 c. à c. de purée de piment
- 2 c. à s. de sauce calamars
- 1 c. à c. de sucre
- 2 c. à s. de vinaigre blanc

1. Dans une casserole, versez le vinaigre blanc, le sucre, la sauce calamars, la purée de piment et le bâton de citronnelle finement émincé. Faites chauffer jusqu'à ce que le sucre soit fondu. Enveloppez encore chaud (afin de laisser infuser la citronnelle) avec un film alimentaire.

2. Pelez la carotte et taillez-la en julienne. Coupez le concombre en deux, ôtez les graines et coupez-le en bâtonnets.

3. Pelez et taillez l'oignon en lamelles fines. Émincez finement la sucrine et le chou chinois. Mélangez ces ingrédients dans un saladier avec la barquette de soja. Enveloppez d'un film alimentaire et conservez au frais.

4. Faites revenir dans une poêle 300 g de filet de bœuf coupés en tranches minces. Coupez-les en lanières fines. Mélangez aux légumes et assaisonnez avec la sauce.

5. Dans 4 verrines, disposez la salade de bœuf. Décorez avec le basilic, la coriandre et les bâtonnets de ciboulette.

Salade tiède de bœuf à la thaïlandaise. ▶

Salade printanière au chorizo

Facile | 4 personnes | 10 min | 15 min

- 4 œufs
- 50 g de chorizo
- 100 g de pousses d'épinards
- 20 asperges vertes
- 120 g de haricots verts
- 120 g de pois gourmands
- 2 cl de vinaigre de vin
- 4 cl d'huile d'olive
- Sel, poivre

1. Lavez et épluchez les asperges vertes. Équeutez les haricots verts et les pois gourmands. Faites cuire les légumes séparément (départ eau bouillante salée) et rafraîchissez-les. Gardez-les croquants.

2. Coupez le chorizo en bâtonnets fins et mélangez-le avec le vinaigre et l'huile d'olive. Assaisonnez.

3. Triez et lavez les pousses d'épinards. Mélangez-les avec les légumes et la vinaigrette au chorizo. Dressez le tout dans quatre assiettes.

4. Cassez les œufs un par un et versez-les doucement dans une eau frémissante vinaigrée. Laissez cuire 2 min et sortez-les délicatement. Posez-les sur la salade et servez sans attendre.

Salade nordique

Facile | 4 personnes | 25 min | 5 min | Marinade : 20 min

- 4 filets de harengs saurs (fumage doux)
- 300 g de viande de bœuf cuite (un reste de pot-au-feu
- par exemple)
- 3 pommes de terre cuites à l'eau, épluchées
- 1 petite betterave rouge cuite
- 2 pommes acides
- Le jus d'un citron
- Airelles au naturel

Pour la marinade :

- 4 c. à s. d'huile d'arachide
- 5 c. à s. de vinaigre
- 1 pincée de sucre
- Sel, poivre

1. Rincez les filets de harengs et, si nécessaire, laissez-les tremper dans de l'eau tiède.

2. Coupez les pommes de terre et la betterave rouge en petits dés. Épluchez les pommes et détaillez-les en tranches, puis citronnez-les. Coupez la viande de bœuf en petits dés.

3. Pour réaliser la marinade cuite : faites fondre la pincée de sucre dans le vinaigre, puis incorporez-y l'huile. Salez et poivrez. Versez cette préparation sur les dés de viande et laissez mariner pendant 20 min au frais.

4. Égouttez les filets de harengs et coupez-les en morceaux.

5. Déposez tous les ingrédients dans un saladier et versez la marinade dessus. Gardez au frais. Décorez de quelques airelles juste avant de servir.

Salade printanière au chorizo. ▶

SALADE DE PISSENLITS aux lardons et aux œufs durs

Facile : 4 personnes : 10 min : 10 min

- 200 g de lardons
- 4 œufs
- 300 g de jeunes pissenlits
- 2 tomates coupées en quartiers
- 4 cl de vinaigrette
- 5 cl de vinaigre de xérès

1. Faites cuire les œufs (départ eau bouillante salée) pendant 10 min. Refroidissez-les, écalez-les et coupez-les en quartiers.

3. Triez et lavez les pissenlits. Mélangez-les délicatement avec les œufs durs et les tomates. Ajoutez la vinaigrette et mélangez. Disposez la salade sur quatre assiettes.

4. Faites sauter les lardons dans une poêle sans matière grasse. Dès qu'ils sont légèrement colorés, ajoutez le vinaigre et faites bouillir. Répartissez le tout sur les assiettes.

SALADE DE LANGUE DE VEAU aux pommes de terre

Facile : 4 personnes : 30 min : 2 h 40

- 1 langue de veau
- 3 œufs
- 4 grosses pommes de terre
- 1 carotte épluchée
- 5 cornichons hachés
- 5 câpres hachées
- 1 oignon haché
- 1 oignon piqué de clous de girofle
- 1 bouquet garni
- Herbes hachées (estragon, ciboulette, persil)
- 1 c. à s. de mayonnaise
- 8 cl de vinaigrette
- Sel, poivre

1. Lavez la langue de veau et mettez-la dans une casserole avec la carotte, l'oignon piqué de clous de girofle, le bouquet garni, le sel et le poivre. Recouvrez d'eau et laissez cuire pendant 2 h à couvert et à petite ébullition.

2. Égouttez la langue, épluchez-la et coupez-la en tranches.

3. Lavez les pommes de terre et mettez-les à cuire départ eau froide salée pendant 30 min environ. Égouttez-les, épluchez-les et coupez-les en rondelles.

4. Faites cuire les œufs départ eau bouillante salée pendant 10 min et refroidissez-les. Écalez-les et écrasez-les.

5. Mélangez les œufs avec les câpres, les cornichons, l'oignon et les herbes hachées, puis ajoutez la vinaigrette et la mayonnaise. Mélangez bien.

6. Déposez les pommes de terre ainsi que la langue de veau dans un plat et nappez le tout avec la sauce. Servez tiède.

Salade de pissenlits aux lardons et aux œufs durs. ▶

Salade de lentilles au lard

Facile · 4 personnes · 15 min · 35 min

- 400 g de lentilles vertes
- 250 g de lard maigre de poitrine
- 10 cl d'huile de noix
- 2 c. à s. de vinaigre de vin
- 1 oignon
- Ciboulette hachée
- Bouquet garni
- Sel, poivre

1. Faites cuire les lentilles dans un grand volume d'eau salée pendant 30 min avec l'oignon et le bouquet garni. Réservez.

2. Coupez le lard en lardons et faites-les revenir à la poêle jusqu'à ce qu'ils soient dorés.

3. Dans un saladier, mélangez l'huile et le vinaigre, ajoutez la ciboulette et poivrez. Ajoutez les lardons avec leur graisse, versez les lentilles tièdes, mélangez. Servez sans attendre.

Salade chablaisienne

Facile · 4 personnes · 5 min · 5 min

- 4 œufs
- 100 g de lardons
- 150 g de mesclun
- 30 g de croûtons
- 100 g de fromage d'Abondance
- 1 c. à c. de moutarde de Meaux
- 3 cl de vinaigre de vin
- 2 cl de vinaigre de xérès
- 4 cl d'huile de tournesol
- Sel, poivre

1. Triez et lavez le mesclun. Coupez le fromage d'Abondance en petits dés.

2. Dans un bol, mélangez la moutarde avec le vinaigre de vin, le sel et le poivre. Incorporez l'huile et fouettez vivement.

3. Faites sauter les lardons dans une poêle pendant 2 min et ajoutez le vinaigre de xérès.

4. Cassez les œufs un par un et versez-les doucement dans une eau frémissante vinaigrée. Laissez-les cuire 2 min et sortez-les délicatement.

5. Dans un saladier, mélangez le mesclun avec les croûtons, le fromage, les lardons et la vinaigrette. Dressez la salade sur quatre assiettes et déposez les œufs pochés dessus.

Salade de lentilles au lard. ▶

Salade de râbles de lapin

et chèvre frais au romarin

Facile | 4 personnes | 30 min | 20 min

- 2 râbles de lapin
- 2 fromages de chèvre frais
- 1 branche de romarin
- 2 échalotes hachées
- 10 cl de vin blanc
- 200 g de champignons de Paris
- Le jus d'un demi-citron
- 1 branche de céleri
- 400 g de salades mélangées
- 1 c. à s. de vinaigre
- 6 c. à s. d'huile d'olive
- Sel, poivre

1. La veille, piquez les fromages de chèvre avec des feuilles de romarin.

2. Coupez les râbles de lapin en deux. Dans une casserole, faites-les dorer avec 2 c. à s. d'huile d'olive, sur toutes leurs faces. Ajoutez les échalotes, quelques feuilles de romarin, puis le vin blanc et laissez mijoter pendant 20 min. Réservez au frais.

3. Lavez les champignons et la branche de céleri, puis émincez-les très finement. Mélangez avec le jus de citron.

4. Dans un saladier, mélangez le vinaigre avec l'huile d'olive, salez et poivrez. Ajoutez la salade, les champignons et le céleri.

5. Répartissez la salade dans les assiettes, ajoutez les râbles de lapin et le demi-fromage de chèvre.

Salade de jambon de pays

au saint-nectaire gratiné

Facile | 4 personnes | 15 min | 3 min

- 4 tranches de pain de campagne
- 4 tranches de jambon de pays
- 4 tranches de saint-nectaire fermier
- 150 g de salade mélangée
- 1 c. à c. de moutarde à l'ancienne
- 3 cl de vinaigre de vin
- 8 cl d'huile de tournesol
- Sel, poivre

1. Lavez et égouttez la salade. Taillez le jambon de pays en lanières.

2. Dans un bol, mélangez la moutarde avec le sel, le poivre et le vinaigre, puis incorporez l'huile.

3. Posez les tranches de saint-nectaire sur le pain de campagne et faites-les gratiner sous le gril pendant 3 min.

4. Assaisonnez la salade avec la vinaigrette et répartissez-la dans quatre assiettes. Ajoutez les lanières de jambon et les toasts de saint-nectaire avant de servir.

Salade de râbles de lapin et chèvre frais au romarin. ▶

Salade auvergnate

Facile · 4 personnes · 20 min · 1 h 30

- 1 saucisson à cuire
- 4 grosses pommes de terre
- 200 g de lentilles vertes
- 2 échalotes hachées
- 1 gousse d'ail hachée
- 7 cl de vinaigre de xérès
- 4 cl d'huile de colza
- 3 cl d'huile d'olive
- Sel, poivre

1. Lavez les pommes de terre et faites-les cuire (départ eau froide salée) pendant 30 min environ. Piquez-les avec un couteau pour vérifier la cuisson et égouttez-les. Laissez-les refroidir.

2. Portez une casserole d'eau à ébullition, puis ajoutez les lentilles. Laissez cuire pendant 10 min, ajoutez du sel et prolongez la cuisson 15 min environ. Égouttez-les.

3. Piquez le saucisson à cuire et faites-le frémir dans de l'eau bouillante pendant 30 min environ. Égouttez-le et coupez-le en rondelles.

4. Épluchez les pommes de terre, coupez-les en rondelles et mettez-les dans un saladier avec les lentilles. Ajoutez les échalotes et l'ail haché, le vinaigre et les huiles. Salez, poivrez et mélangez bien.

5. Répartissez la salade dans les assiettes et ajoutez quelques tranches de saucisson.

Salade d'avocat au canard et à la sauge

Facile · 4 personnes · 20 min

- 1 magret fumé
- 4 tranches de foie gras
- 1 cœur de laitue
- 2 avocats
- 8 tomates-cerises
- 20 cerises
- 20 g de noisettes hachées
- 4 feuilles de sauge ciselées
- Le jus d'un citron vert
- Un demi-citron
- 4 cl d'huile de noisette
- Vinaigrette
- Sel, poivre

1. Triez et lavez la laitue. Émincez-la. Coupez le magret fumé en tranches fines. Épluchez et coupez les avocats en deux. Enlevez le noyau, citronnez-les et coupez-les en lamelles.

2. Lavez, équeutez et dénoyautez les cerises. Enveloppez-les d'une tranche de magret fumé.

3. Faites griller les noisettes dans une poêle et mettez-les dans un bol. Ajoutez le jus de citron vert, sel et poivre, et incorporez l'huile de noisette et les feuilles de sauge ciselées.

4. Mélangez délicatement la laitue émincée et les lamelles d'avocat. Répartissez-les dans les assiettes. Ajoutez une tranche de foie gras, les cerises au magret fumé, les tomates-cerises et arrosez le tout de vinaigrette.

Salade auvergnate. ▶

SALADE DE MAGRET DE CANARD à la poire

FACILE · 4 PERSONNES · 20 MIN

- 200 g de magret fumé
- 1 grosse poire
- Le jus d'un demi-citron
- Quelques feuilles de roquette
- 2 c. à s. de cerneaux de noix
- 1 c. à s. de pignons de pin
- 2 c. à s. d'huile de noix
- 2 c. à s. d'huile d'arachide
- 1 c. à s. de vinaigre de cidre
- Sel, poivre

1. Pelez la poire, évidez-la et coupez la chair en lamelles (ou en gros cubes). Citronnez-les. Détaillez le magret fumé en lamelles. Lavez et essorez les feuilles de roquette.

2. Dans un saladier, mélangez le sel et le poivre, le vinaigre de cidre et émulsionnez avec les deux huiles. Ajoutez les feuilles de roquette, les lamelles de magret et de poire, les cerneaux de noix et les pignons de pin. Mélangez délicatement et servez sans attendre.

SALADE CROQUANTE DE BROCOLIS, magrets fumés et orange

FACILE · 4 PERSONNES · 20 MIN · 5 MIN

- 1 brocoli
- 1 magret de canard fumé
- 2 oranges
- 1 cl de vinaigre balsamique
- 4 cl d'huile d'olive
- Sel, poivre

1. Détachez à l'aide d'un couteau des petits bouquets de brocolis. Lavez-les et essuyez-les. Faites sauter les brocolis à l'huile d'olive pendant 5 min. Ils doivent rester croquants.

2. Enlevez la moitié du gras du magret fumé, puis coupez le magret en tranches fines. Pelez une orange à vif pour enlever la peau et le blanc, puis prélevez les quartiers de pulpe. Pressez la seconde orange et récupérez le jus.

3. Dans un bol, mélangez le vinaigre avec le sel et le poivre, ajoutez le jus d'orange et montez à l'huile d'olive. Disposez sur chaque assiette des bouquets de brocolis, des quartiers d'orange et des tranches de magrets fumés. Arrosez le tout avec la vinaigrette.

Salade de magret de canard à la poire. ▶

Salade du Périgord

Facile | 4 personnes | 10 min | 5 min

- 100 g de gésiers de canard
- 1 magret de canard
- 8 tranches de magret fumé
- 2 tranches de foie gras cru coupées en gros dés
- 1 salade feuille de chêne
- 4 tomates-cerises
- 25 g de croûtons
- 2 c. à s. de vinaigre balsamique
- 5 c. à s. d'huile de noix
- Sel, poivre

1. Enlevez le nerf du magret et l'excédent de graisse. Coupez-le en tranches. Faites-les poêler 1 min de chaque côté et posez-les sur un plat.

2. Triez, lavez et essorez la salade. Disposez la salade au milieu des assiettes et ajoutez les croûtons, les tranches de magret poêlées et de magret fumé, les tomates-cerises.

3. Dans un bol, mélangez le vinaigre avec sel et poivre, incorporez l'huile de noix.

4. Dans une poêle, faites revenir les gésiers pendant 3 min. Disposez-les sur la salade dans chaque assiette.

5. Assaisonnez le foie gras, faites-le colorer dans une poêle fumante pendant 1 min et ajoutez-le à la salade. Arrosez le tout de vinaigrette avant de servir.

Salade occitane

Facile | 4 personnes | 15 min | 5 min

- 8 tomates-cerises
- Mesclun pour 4 personnes
- 200 g de gésiers de canards confits
- 1 magret fumé
- Quelques pluches de cerfeuil
- Persil plat
- Ciboulette
- 8 cerneaux de noix
- 15 g de pignons de pin grillés

Pour la vinaigrette :

- 1 c. à c. de moutarde à l'ancienne
- 2 cl de vinaigre balsamique
- 5 cl d'huile d'olive
- 3 cl d'huile de noix
- Sel, poivre

1. Triez et lavez la salade. Égouttez-la et mélangez-la avec les herbes.

2. Réalisez la vinaigrette en mélangeant la moutarde, le sel, le poivre et le vinaigre. Montez-le tout avec les huiles. Assaisonnez la salade et ajoutez les noix et les pignons de pin.

3. Coupez le magret fumé en tranches fines. Faites sauter les gésiers à la poêle jusqu'à coloration, puis égouttez-les.

4. Dressez la salade dans les assiettes, ajoutez quelques tranches de magret fumé, les tomates-cerises et les gésiers.

Salade occitane. ▶

SALADE PÉRIGOURDINE aux éclats de fruits secs

FACILE | 4 PERSONNES | 20 MIN | 7 MIN

- 300 g de mesclun
- 1 c. à c. de moutarde à l'ancienne
- 1 c. à s. de vinaigre balsamique
- 2 c. à s. d'huile de noix
- 4 manchons de canard confits
- 1 magret fumé
- 8 tranches de foie gras
- 4 tomates-cerises
- 5 g de noix
- 5 g de noisettes
- 5 g de pignons de pin
- 5 g de raisins secs
- 1 pincée de sel et de poivre

1. Ôtez la graisse des manchons. Posez-les sur un plat et faites-les griller 5 min dans un four à 200 °C (th. 6-7).

2. Réalisez la vinaigrette : mélangez le sel, le poivre, la moutarde et le vinaigre. Incorporez petit à petit l'huile de noix.

3. Faites colorer les tranches de foie gras dans une poêle 1 min de chaque côté. Émincez finement le magret fumé.

4. Concassez les noix et les noisettes. Faites griller les pignons de pin dans une poêle à sec. Mélangez tous les fruits secs.

5. Posez une poignée de mesclun et une tomate-cerise sur chaque assiette, arrosez de vinaigrette, puis répartissez les tranches de magret fumé et de foie gras, ainsi que les manchons de canard. Saupoudrez de fruits secs et servez.

SALADE EXOTIQUE aux gésiers tièdes

FACILE | 4 PERSONNES | 25 MIN | 2 MIN

- 1 boîte de gésiers de volaille confits
- 1 c. à s. de vinaigre de vin blanc
- 125 g de mâche
- 1 petit ananas encore un peu vert
- Un quart de c. à c. de purée de piment
- 1 mangue à peine mûre
- 2 c. à s. d'huile d'olive
- Sel

1. Coupez les petites racines de la mâche, lavez-la à grande eau et essorez-la délicatement.

2. Épluchez l'ananas, retirez le centre dur et taillez l'équivalent de 3 tranches en lamelles fines. Pelez la mangue, coupez la chair de chaque côté du noyau et recoupez-la en lamelles.

3. Mélangez l'huile, le vinaigre, la purée de piment et une pincée de sel dans un saladier. Ajoutez la mâche, l'ananas ainsi que la mangue et mélangez.

4. Dégraissez les gésiers. Mettez une poêle à chauffer. Faites-y tiédir les gésiers pendant 2 min, en secouant régulièrement la poêle. Déposez les gésiers sur la salade et servez.

Salade périgourdine aux éclats de fruits secs. ▶

SALADE DE PAIN D'ÉPICES ET FOIE GRAS

FACILE | 4 PERSONNES | 20 MIN

- 150 g de salade
- 3 tranches de pain d'épices
- 100 g de foie gras mi-cuit
- Un demi-oignon rouge
- 1 c. à s. de moutarde de Dijon
- 1 c. à s. de miel
- 1 c. à s. de vinaigre de xérès
- 3 c. à s. d'huile de noix

1. Coupez le pain d'épices en petits cubes, de même que le foie gras. Épluchez et coupez l'oignon en lamelles fines.

2. Confectionnez une vinaigrette avec la moutarde, l'huile, le vinaigre et le miel.

3. Assaisonnez la salade avec la vinaigrette, puis mélangez-la avec le pain d'épices, les lamelles d'oignon et le foie gras.

SALADE D'ÉPINARDS, *noisettes et foies de volaille*

FACILE | 4 PERSONNES | 20 MIN

- 600 g de pousses d'épinards
- 200 g de noisettes décortiquées
- 400 g de foies de volaille
- 2 échalotes
- 1 bouquet de ciboulette
- 5 cl de cognac

Pour la vinaigrette :

- 2 c. à s. de vinaigre
- 2 c. à s. d'huile d'arachide
- 4 c. à s. d'huile de noisette
- Sel, poivre

1. Épluchez et hachez les échalotes. Triez et lavez les pousses d'épinards.

2. Dans une poêle, faites revenir les foies de volaille dans 2 c. à s. d'huile d'arachide. En fin de cuisson, ajoutez les échalotes, puis flambez les foies avec le cognac.

3. Assaisonnez les épinards avec le sel et le poivre, le vinaigre et l'huile de noisette.

4. Répartissez les épinards dans les assiettes, ajoutez les foies de volaille, les noisettes et la ciboulette hachée.

Salade de pain d'épices et foie gras. ▶

Salade de caille au foie gras et aux noisettes miellées

Facile | 4 personnes | 20 min | 8 min

- 8 filets de caille
- 4 tranches de foie gras cru
- 200 g de salade mélangée (scarole, feuille de chêne, mâche)
- 4 tomates-cerises
- 25 g de croûtons
- 25 g de noisettes
- 15 g de miel
- 4 c. à s. de vinaigre balsamique
- 4 cl d'huile de noix ou de noisette
- Sel, poivre

1. Triez la salade et lavez-la. Répartissez-la dans les assiettes ainsi que les tomates et les croûtons.

2. Assaisonnez les filets de caille et les tranches de foie gras. Faites chauffer une poêle, déposez les tranches de foie gras et faites revenir 1 min de chaque côté. Réservez-les sur du papier absorbant.

3. Faites cuire les filets de caille 2 min de chaque côté dans la graisse de cuisson du foie gras. Retirez les filets, puis jetez la graisse. Dans la même poêle, ajoutez le miel ainsi que les noisettes et laissez caraméliser 2 min. Ajoutez le vinaigre balsamique, puis l'huile.

4. Disposez les filets de caille et les tranches de foie gras sur la salade et versez un cordon de sauce dessus.

Salade de foies de volaille à l'orange et aux noix de cajou

Facile | 4 personnes | 15 min | 5 min

- 250 g de foies de volaille
- 1 laitue
- 40 g de noix de cajou
- 1 orange
- 4 c. à s. de vinaigre de vin

1. Effeuillez la laitue. Lavez les feuilles et essorez-les. Coupez-les en lanières. Épluchez l'orange à vif et récupérez les quartiers de pulpe.

2. Mettez la laitue et les quartiers d'orange sur les assiettes.

3. Faites chauffer une poêle et revenir les foies de volaille pendant 5 min. Ajoutez les noix de cajou et le vinaigre. Laissez cuire 1 min et versez le tout dans les assiettes.

Salade de caille au foie gras et aux noisettes miellées. ▶

Melon surprise

Facile | 4 personnes | 15 min

- 4 melons
- 50 g de framboises
- 50 g de fraises
- 50 g de groseilles
- 2 brugnons
- 10 cl de muscat
- 4 feuilles de menthe
- 4 grains de poivre

1. Coupez les melons en deux. Enlevez les graines. Dénoyautez les brugnons et coupez-les en dés. Lavez et triez les fruits rouges. Émincez les feuilles de menthe.

2. Mélangez les fruits rouges avec les brugnons, la menthe, le poivre et ajoutez le muscat. Laissez mariner pendant 10 min.

3. Retirez les grains de poivre et versez la préparation dans les melons. Servez bien frais.

Salade oranges-oignons au parfum de cannelle

Assez facile | 6 personnes | 30 min | Marinade : 2 h

- 3 oranges
- 500 g d'oignons doux
- 4 c. à s. de vinaigre de vin
- 1/2 c. à c. de sucre en poudre
- 4 c. à s. d'huile d'olive
- 1 pincée de cannelle moulue
- Quelques olives noires
- Poivre

1. Épluchez les oignons et débitez-les en tranches fines. Mettez-les dans un plat creux et arrosez-les de vinaigre de vin. Laissez mariner pendant environ 2 h.

2. Pelez les oranges à vif et coupez-les en rondelles en récupérant un maximum de jus. Disposez-les sur une assiette et saupoudrez-les de sucre.

3. Sur un plat, disposez par couches successives les oignons bien égouttés et les tranches d'oranges.

4. Confectionnez une sauce en mélangeant le jus récupéré des oranges, l'huile d'olive, la cannelle moulue, un peu de vinaigre et du poivre. Arrosez-en la préparation aux oranges et aux oignons. Servez frais en n'oubliant pas de décorer la préparation avec quelques olives noires.

Melon surprise. ▶

Billes folies

Assez facile : 4 personnes : 35 min

- 1 melon
- 1 melon Santa Claus
- 1/8 de pastèque
- 2 poires
- 3 kiwis
- 2 c. à s. de sucre en poudre

1. Coupez les melons en deux, enlevez les graines. Épluchez les poires et les kiwis. Épépinez la pastèque.

2. Confectionnez des billes de chair de ces fruits à l'aide d'une cuillère parisienne. Mélangez les billes avec le sucre en poudre et garnissez des verres. Servez frais.

Salade de fruits au parmesan

Facile : 4 personnes : 20 min : 10 min

- 1 pamplemousse
- 1 poire
- 1 pomme granny
- 200 g de haricots beurre
- 2 c. à s. de mayonnaise
- 50 g de parmesan

1. Équeutez les haricots beurre et faites-les cuire pendant 10 min dans une grande quantité d'eau salée.

2. Épluchez la poire et la pomme, coupez-les en deux et évidez-les. Coupez-les en lamelles. Pelez le pamplemousse à vif et détachez les quartiers de pulpe.

3. Rassemblez tous les fruits dans un saladier, ajoutez les haricots ainsi que la mayonnaise et mélangez. Parsemez de copeaux de parmesan avant de servir frais.

Billes folies. ▶

Billes
folies

Salade de fruits exotiques

Facile | 4 personnes | 20 min

- 1 carambole
- 4 kumquats
- 1 fruit de la passion
- 1 mangue
- 1 papaye
- 12 litchis
- 2 goyaves

1. Coupez les goyaves et le carambole en rondelles. Épluchez la mangue, ôtez le noyau et coupez la chair en dés.

2. Coupez la papaye en deux, ôtez les graines, épluchez-la et coupez-la en cubes.

3. Coupez le fruit de la passion en deux, enlevez la pulpe. Épluchez les litchis. Coupez les kumquats en deux. Mélangez tous les fruits et servez frais.

Salade de fruits muesli

Facile | 4 personnes | 20 min | 10 min

- 1 poire
- 1 banane
- 1 orange
- 2 pommes
- Le jus d'un citron
- 4 c. à s. de muesli
- 4 c. à s. de lait
- 2 c. à s. de sucre en poudre

1. Épluchez et coupez la banane en rondelles. Pelez l'orange à vif, coupez-la en deux, puis en tranches fines.

2. Épluchez les pommes et la poire, partagez-les en deux, ôtez leur trognon, puis coupez-les en tranches.

3. Mélangez tous les ingrédients. Laissez reposer 10 min au frais avant de servir.

Salade de fruits exotiques. ▶

Salade de fruits rouges à la crème de cassis

Facile | 4 personnes | 15 min | Repos : 1 h

- 100 g de mûres
- 100 g de cassis
- 100 g de framboises
- 100 g de fraises
- 100 g de groseilles
- 4 c. à s. de crème de cassis
- 2 c. à s. de sucre

1. Lavez les fraises, puis égouttez-les délicatement à plat sur un papier absorbant, avant d'enlever le pédoncule.

2. Lavez rapidement les autres fruits et égouttez-les.

3. Mélangez tous les fruits avec le sucre et la crème de cassis. Laissez reposer pendant 1 h au réfrigérateur. Servez frais.

Salade de figues au vinaigre balsamique

Facile | 4 personnes | 10 min

- 400 g de figues
- 2 tranches de jambon cru
- 3 c. à s. d'huile d'olive
- 1 c. à s. de vinaigre balsamique

1. Coupez les figues en quatre, puis le jambon cru en lanières.

2. Mélangez les figues avec l'huile d'olive et le vinaigre balsamique. Parsemez de lanières de jambon cru. Servez frais.

Salade de fruits rouges à la crème de cassis. ▶

SALADE DE FRUITS ROUGES au vinaigre balsamique

FACILE : 4 PERSONNES : 10 MIN : REPOS : 10 MIN

- 100 g de fraises
- 100 g de fraises des bois
- 100 g de framboises
- 100 g de myrtilles
- 100 g de groseilles
- 2 c. à s. de sucre roux
- 2 c. à s. de vinaigre balsamique
- 4 grains de poivre de Sechuan

1. Lavez, triez et égouttez les fraises, les fraises des bois, les framboises, les myrtilles et les groseilles.

2. Réunissez tous les fruits les dans un saladier avec le vinaigre balsamique, le sucre et le poivre de Sechuan.

3. Laissez reposer pendant 10 min au réfrigérateur avant de servir.

SALADE DE FRAISES au miel et au quinoa

FACILE : 4 PERSONNES : 15 MIN : 20 MIN

- 100 g de quinoa
- 6 c. à s. de miel liquide
- 6 c. à s. de jus de citron
- 4 pincées de cannelle moulue
- 500 g de fraises

1. Lavez le quinoa, mettez-le dans une casserole avec deux fois son volume d'eau. Faites cuire pendant environ 15 min, jusqu'à l'absorption complète de l'eau. Coupez le feu et laissez refroidir.

2. Dans un bol, mélangez bien le miel liquide, le jus de citron et la cannelle moulue.

3. Lavez et séchez délicatement les fraises, puis équeutez-les et coupez-les en 2 ou en 4, selon leur grosseur. Mélangez-les avec le quinoa refroidi et répartissez-les dans des petites assiettes creuses.

4. Arrosez les fraises avec la préparation au miel et servez aussitôt.

Salade de fruits rouges au vinaigre balsamique. ▶

SALADE DE FRAISES et d'oranges

FACILE · 4 PERSONNES · 15 MIN · RÉFRIG. : 30 MIN

- 150 g de fraises
- 4 oranges
- 1 c. à s. d'édulcorant

1. Pelez les oranges à vif et détachez les quartiers de pulpe. Lavez les fraises, épongez-les délicatement et équeutez-les.

2. Mélangez les fruits avec l'édulcorant et laissez reposer au réfrigérateur pendant 30 min.

SALADE DE FRAISES au vin épicé

FACILE · 4 PERSONNES · 10 MIN · 10 MIN · MACÉRATION : 1 H

- 500 g de fraises
- 50 cl de vin rouge
- 150 g de sucre
- 1 bâton de cannelle
- 1 gousse de vanille fendue en deux
- 1 étoile de badiane
- 1 pincée de quatre-épices

1. Faites bouillir le vin avec le sucre, le bâton de cannelle, la gousse de vanille, l'étoile de badiane et la pincée de quatre-épices pendant 10 min environ. Laissez refroidir.

2. Lavez les fraises, épongez-les délicatement et équeutez-les. Passez le vin au chinois et versez-le sur les fraises.

3. Laissez macérer pendant 1 h au réfrigérateur avant de servir.

Salade de fraises et d'oranges. ▶

SALADE DE FRAISES à l'huile d'olive

Facile | 4 personnes | 10 min

- 500 g de fraises
- 4 c. à s. d'huile d'olive
- 1 sachet de sucre vanillé
- Zeste d'un citron râpé
- 2 c. à s. de sucre en poudre

1. Lavez les fraises, égouttez-les à plat sur un papier absorbant, avant d'enlever le pédoncule.

2. Coupez les fraises en deux, puis mélangez-les au reste des ingrédients. Servez frais.

SALADE DE FRUITS TIÈDES au basilic

Facile | 4 personnes | 15 min | 6 min

- 4 figues
- 16 cerises juteuses
- 6 prunes
- 1 gousse de vanille
- 1 quinzaine de grains de raisin blanc
- 1 c. à s. de sirop de gingembre
- Le jus d'une orange
- 4 branches de basilic frais
- Sucre brun

1. Rincez tous les fruits, puis égouttez-les. Incisez légèrement les figues et équeutez les cerises.

2. Dans une casserole, portez de l'eau à ébullition, puis déposez-y les cerises, les prunes, et les figues par-dessus. Ajoutez la gousse de vanille fendue en deux et laissez cuire 6 min.

3. Pendant ce temps, disposez les grains de raisin dans un petit saladier. Versez le sucre brun, le sirop de gingembre et le jus d'orange dessus.

4. Lorsque les fruits sont cuits, ôtez la gousse de vanille, puis mélangez-les aux grains de raisin. Parsemez-les de basilic fraîchement ciselé et servez aussitôt.

5. Servez ce dessert avec une boule de glace à la vanille.

Salade de fraises à l'huile d'olive. ▶

SALADE DE FRUITS *au yaourt et au miel*

FACILE | 4 PERSONNES | 15 MIN

- 4 yaourts
- 400 g de fruits divers (fraises, kiwis, bananes, pommes…)
- 8 c. à s. de miel
- 1 pincée de cannelle

1. Mélangez les yaourts avec le miel et la cannelle.

2. Épluchez ou lavez les fruits, coupez-les en cubes.

3. Répartissez les fruits dans 4 bols et recouvrez de sauce au yaourt. Servez frais.

BILLES DE FRUITS EN SALADE *en infusion d'anis et pastilles de Vichy*

FACILE | 4 PERSONNES | 25 MIN | RÉFRIG. : 2 H

- 1 pomme
- 1 poire
- 1 mangue
- 1 kiwi
- Le jus d'un citron vert
- 3 sachets de thé à l'anis
- 8 pastilles de Vichy
- 200 g de sucre rapadura
- 20 cl d'eau

1. Épluchez les fruits et réalisez des billes avec une cuillère parisienne. Concassez les pastilles de Vichy.

2. Faites bouillir le sucre avec l'eau et ajoutez les sachets de thé. Laissez infuser 5 min et passez le sirop au chinois sur les billes de fruits. Ajoutez le jus de citron vert. Entourez le récipient d'un film alimentaire et laissez reposer pendant 2 h au réfrigérateur.

3. Dressez la salade de fruits dans des coupes et saupoudrez-les de pastilles de Vichy.

Salade de fruits au yaourt et au miel. ▶

Salade de fruits frais

Facile : 4 personnes : 25 min : Macération : 2 h

- 50 g d'ananas
- 150 g de bananes
- 100 g de fraises
- 100 g de kiwis
- 150 g de pêches
- 150 g d'oranges
- 150 g de pommes
- 150 g de poires
- 1 citron

Pour le sirop :

- 20 cl d'eau
- 200 g de sucre en poudre
- Le jus d'un citron
- Alcool (facultatif, rhum, kirsch, marasquin…)

1. Confectionnez le sirop. Réunissez dans une casserole l'eau, le sucre et le jus de citron. Faites-le bouillir et refroidissez-le.

2. Lavez, épluchez et citronnez les poires et les pommes. Épluchez et citronnez les bananes. Lavez, épongez et équeutez les fraises. Épluchez les pêches et les kiwis. Égouttez les tranches d'ananas et réservez le jus. Pelez les oranges à vif. Éliminez le cœur des pommes ainsi que des poires et émincez-les en lamelles de 3 mm d'épaisseur.

2. Coupez les bananes en rondelles de 2 mm. Partagez les fraises. Coupez les pêches en quartiers, retirez le noyau et émincez les quartiers en lamelles de 3 mm d'épaisseur. Coupez les kiwis en rondelles de 2 mm d'épaisseur et les tranches d'ananas en petits morceaux. Détachez les quartiers de pulpe des oranges.

4. Dans un saladier, réunissez tous les fruits découpés et le sirop refroidi. Ajoutez le jus d'ananas. Parfumez éventuellement avec un alcool ou une liqueur. Couvrez d'un film alimentaire et laissez macérer au frais.

Salade de pommes *et vinaigrette de miel*

Facile : 4 personnes : 30 min

- 2 pommes Granny smith
- 4 carottes
- 100 g de raisins secs
- 100 g de comté
- 1 poivron rouge
- 1 citron
- 400 g de salades mélangées
- 1 c. à s. de miel
- 1 c. à s. de vinaigre de cidre
- 4 c. à s. d'huile
- Sel, poivre

1. Faites tremper les raisins secs dans de l'eau tiède pendant 15 min.

2. Lavez les pommes, coupez-les en deux, épépinez-les, puis découpez-les en fines tranches. Mélangez-les dans un saladier avec le jus de citron.

3. Lavez et épluchez les carottes à l'aide d'un couteau-économe, faites-en de fines lanières.

4. Lavez le poivron, coupez-le en deux, enlevez les graines et émincez-le très finement. Coupez le comté en petits cubes.

5. Dans un saladier, mélangez le vinaigre et le miel, ajoutez l'huile, salez et poivrez. Ajoutez tous les éléments dans le saladier, mélangez.

Salade de fruits frais. ▶

SALADE DE POIRES au miel et à la menthe fraîche

FACILE · 4 PERSONNES · 5 MIN · REPOS : 30 MIN

- 5 poires
- 15 g d'amandes effilées grillées
- 2 c. à s. de miel d'acacia
- Le jus d'un citron vert
- 8 feuilles de menthe émincées

1. Épluchez, videz et coupez les poires en lamelles. Mélangez-les avec les amandes effilées et la menthe.

2. Mélangez le miel et le jus de citron, puis ajoutez les poires. Recouvrez d'un film alimentaire et laissez reposer 30 min au réfrigérateur avant de servir avec une boule de glace à la poire.

SALADE CHAUDE de bananes et de mangue

FACILE · 4 PERSONNES · 20 MIN · 5 MIN

- 2 bananes
- 1 mangue
- 40 g de beurre
- 2 c. à s. miel
- 4 tranches de pain d'épices

1. Épluchez les bananes et coupez-les en rondelles. Épluchez et coupez la mangue en cubes.

2. Faites cuire les fruits avec le miel et le beurre pendant 5 min à petit feu.

3. Dressez sur des assiettes en posant les fruits sur une tranche de pain d'épices et servez.

Salade de poires au miel et à la menthe fraîche. ▶

Salade aux kiwis

Facile | 4 personnes | 10 min | Réfrig. : 2 h

- 4 kiwis
- 2 clémentines
- 1 c. à c. d'eau de fleur d'oranger
- 250 g de fraises
- 1 citron vert
- 1 pincée de vanille pure

1. Pelez les kiwis, coupez-les en rondelles. Épluchez les clémentines, séparez les quartiers et retirez toutes les peaux blanches. Lavez rapidement les fraises, équeutez-les, coupez-les en lamelles.

2. Pressez le citron vert. Mélangez son jus avec la fleur d'oranger et la vanille.

3. Mettez tous les fruits dans un saladier, arrosez-les avec le mélange précédent et laissez macérer 1 h au réfrigérateur.

Salade de fruits au Soho

Facile | 8 personnes | 25 min

- 1 melon vert
- 100 g de melon
- 1 pomme
- 3 oranges
- 100 g de fraises
- 50 g de sucre
- 10 cl de Soho

1. Ôtez les graines du melon. À l'aide d'une cuillère parisienne, confectionnez des boules de melon. Coupez le melon vert en deux, puis évidez-le et coupez en dés un quart de la chair.

2. Coupez la pomme en quartiers, enlevez le cœur et coupez la chair en tranches fines. Pelez les oranges à vif et détachez les quartiers de pulpe. Lavez les fraises, épongez-les délicatement, équeutez-les et coupez-les en deux.

3. Mélangez les fruits, ajoutez le Soho et le sucre. Versez dans le melon vert évidé. Servez frais.

Salade aux kiwis. ▶

Salade d'agrumes à l'anis

Facile | 4 personnes | 20 min | 2 min

- 2 oranges
- 1 pamplemousse
- 2 citrons verts
- 2 étoiles d'anis
- 3 feuilles de basilic émincées
- 20 g de sucre rapadura

1. Pelez à vif les agrumes et récupérez les quartiers de pulpe ainsi que le jus. Placez les agrumes dans des assiettes en forme de rosaces.

2. Faites bouillir le jus des agrumes avec le sucre et l'anis. Laissez cuire pendant 1 min. Versez le sirop à l'anis sur les agrumes et laissez refroidir.

3. Au moment de servir, ajoutez le basilic émincé.

Salade de papaye verte à l'huile d'ail

Facile | 4 personnes | 10 min

- 2 petites papayes
- Le jus d'un citron vert
- 1 gousse d'ail hachée
- 1 c. à c. de moutarde
- 5 c. à s. d'huile d'olive
- Sel, poivre

1. Épluchez et coupez les papayes en deux. Enlevez les graines et la partie filandreuse. Puis râpez-les.

2. Mélangez l'ail haché avec la moutarde, le jus de citron, sel et poivre. Incorporez l'huile d'olive.

3. Assaisonnez les papayes avec la sauce avant de servir.

Salade d'agrumes à l'anis. ▶

SALADE DE BANANES aux agrumes

Facile | 4 personnes | 15 min | 5 min | Repos : 30 min

- 4 bananes
- 1 citron vert
- 1 orange
- 1 pamplemousse
- 150 g de sucre
- 25 cl d'eau
- 1 gousse de vanille fendue en deux

1. Pelez à vif les agrumes et coupez la pulpe en quartiers. Gardez et détaillez le zeste en petits cubes. Mettez le zeste dans une casserole avec de l'eau froide et portez à ébullition. Rafraîchissez-les et recommencez l'opération une fois.

2. Faites bouillir l'eau avec le sucre et la vanille, puis ajoutez le zeste et laissez confire 5 min.

3. Épluchez les bananes et coupez-les en rondelles. Mélangez-les avec les agrumes.

4. Versez le sirop avec le zeste sur le mélange et laissez reposer pendant 30 min au réfrigérateur. Servez avec une boule de glace.

SALADE DE BANANES au yaourt et à la noix de coco

Facile | 4 personnes | 10 min

- 8 yaourts nature
- 6 bananes
- 1 citron vert
- 15 g de noix de coco râpée
- 20 g de sucre vanillé

1. Épluchez et coupez les bananes en rondelles. Pressez le jus de citron et ajoutez-le aux bananes.

2. Mélangez les yaourts avec la noix de coco et le sucre vanillé, ajoutez les bananes. Mélangez bien et servez frais.

Salade de bananes aux agrumes. ▶

SALADE D'ORANGES à l'orientale

FACILE | 4 PERSONNES | 20 MIN

- 8 oranges
- 3 feuilles de menthe
- 1 c. à c. de paprika
- 50 g de miel

1. Pelez les oranges à vif, détachez les quartiers en faisant attention de garder le jus des fruits. Mélangez le jus et les quartiers d'oranges, le miel ainsi que le paprika.

2. Répartissez dans 4 assiettes et parsemez de menthe ciselée. Servez glacé.

SALADE BANANE-FRAMBOISE

FACILE | 4 PERSONNES | 15 MIN | 1 MIN

- 40 cl de coulis de framboise
- 2 bananes
- 25 g de sucre roux
- 1 citron vert
- 1 bain de friture

1. Râpez le zeste du citron vert et mélangez-le avec le sucre roux.

2. Épluchez les bananes et coupez-les en gros bâtonnets. Arrosez-les de rhum.

3. Faites chauffer le bain de friture à 180 °C, puis plongez-y les bananes pendant 1 min. Égouttez-les sur du papier absorbant et enrobez-les de sucre au citron.

4. Versez le coulis de framboise au fond des verres et plongez un bâtonnet de banane dedans.

Salade d'oranges à l'orientale. ▶

Salade pékinoise

Facile | 4 personnes | 20 min | Repos : 1 h

- 200 g de melon jaune
- 200 g de papaye
- 200 g de litchis au sirop
- 200 g de pastèque
- 5 cl de Malibu

1. Enlevez la peau de la pastèque, du melon jaune et de la papaye.

2. Ôtez les graines et coupez leur chair en cubes.

3. Mélangez les cubes de fruits avec les litchis au sirop et le Malibu, puis réservez au frais pendant 1 h. Servez très frais.

Salade de fruits chaude *en papillotes*

Facile | 4 personnes | 20 min | 7 min

- 1 orange
- 4 poires
- 10 pruneaux
- 1 poignée de raisins de Corinthe
- 1 pomme granny-smith
- 1 poignée de myrtilles
- 2 cl de Grand-Marnier

1. Pressez l'orange et mélangez le jus au Grand-Marnier. Faites tiédir le tout et ajoutez les raisins. Laissez-les gonfler 5 min et égouttez-les. Faites réduire le jus.

2. Dénoyautez et coupez les pruneaux en dés. Épluchez et évidez les poires ainsi que la pomme. Coupez-les en quartiers.

3. Découpez quatre carrés de papier aluminium et disposez au centre les poires, les pommes, les raisins, les pruneaux et les myrtilles. Arrosez les fruits avec le jus réduit.

4. Repliez et refermez bien les papillotes. Enfournez à 200 °C (th. 6-7) et laissez cuire pendant 5 min environ. Servez tiède avec une boule de glace.

Salade pékinoise. ▶

SALADE D'ANANAS au gingembre

FACILE · 4 PERSONNES · 15 MIN · 20 MIN · REPOS : 1 H

- 1 ananas
- 1 petit morceau de gingembre
- 200 g de sucre
- 35 cl d'eau
- Le jus d'un citron vert

1. Épluchez et taillez le gingembre en bâtonnets fins. Faites bouillir l'eau avec le sucre, puis ajoutez le jus de citron et le gingembre. Laissez confire à feu doux pendant 20 min environ.

2. Épluchez et coupez l'ananas en quatre. Enlevez le cœur et coupez les quartiers en petits dés dans un plat.

3. Versez le sirop de gingembre sur les dés d'ananas. Recouvrez d'un film alimentaire et laissez reposer pendant 1 h au réfrigérateur.

SALADE « TOUTE SIMPLE » de fruits frais

FACILE · 4 PERSONNES · 20 MIN

- 4 poires
- 4 pêches (jaunes ou blanches)
- 4 nectarines
- 1 melon de Cavaillon
- 2 oranges fraîchement pressées
- Le jus de 2 citrons
- 4 à 5 c. à s. de sirop de cassis
- Un demi-sachet de sucre vanillé

1. Épluchez les poires, les pêches et les nectarines. Coupez la chair des fruits (sans les cœurs, pépins ou noyaux) en petits morceaux.

2. Coupez le melon en deux, retirez le cœur et les graines, puis coupez sa chair en petits morceaux également.

3. Versez le jus des oranges et des citrons dans un grand plat creux. Ajoutez le sirop de cassis et mélangez bien.

4. Ajoutez les fruits et le sucre vanillé. Mélangez délicatement afin de ne pas abîmer les fruits et réservez au frais jusqu'au moment de servir.

Salade d'ananas au gingembre. ▶

INDEX

Billes
de fruits en salade en infusion d'anis et pastilles de Vichy, 202.
folies, 190.

Clams en salade tiède de vermicelle et de menthe, 140.
Conchiglie rigate aux radis et aux carottes à l'orange, 96.
Courgettes frites en salade, 28.

Émincé de dinde au miel en salade, 158.
Épinettes au poulet et au comté, 94.

Farfalle
au saumon fumé et aux asperges vertes, 90.
aux poivrons doux, 90.

Gambas à la salade de citrons, 146.

Légumineuses en salade acidulée, 48.

Mayonnaise, 4.
à l'antillaise, 4.
Melon surprise, 188.
Mesclun de salade en carpaccio de haddock mariné, 130.

Pétoncles en jeunes pousses de salade aux éclats de pignons de pin, 140.
Pois gourmands en salade, 52.

Radiatori à la mozzarella marinée, 96.

Saint-Jacques en salade, 142.
Salade
Aïda, 62.
algérienne, 60.
Athéna à l'huile d'olive citronnée, 52.
au bleu et aux poires, 56.
au duo de pousses, sauce au miel, 46.
auvergnate, 176.
aux délices des Antilles, 150.
aux kiwis, 208.
aux olives et aux poivrons, 62.
aux radis roses et à la coriandre, 46.
banane-framboise, 214.
Caesar, 70.
chablaisienne, 172.
chaude de bananes et de mangue, 206.
chopska, 64.
coleslaw, 68.
crétoise, 72.
croquante de brocolis, magrets fumés et orange, 178.
croquante de courgettes, feta et framboises, 34.
croustillante de poulet, 154.
d'agrumes à l'anis, 210.
d'algues et de concombre, 54.
d'ananas au gingembre, 218.
d'artichauts à la feta et citron, 36.
d'asperges blanches au raifort, 64.
d'aubergines frites, 18.
d'avocat au canard et à la sauge, 176.
d'avocat aux crevettes et pamplemousse, 150.
d'endives au bleu d'Auvergne et aux poires, 48.
d'épinards, noisettes et foies de volaille, 184.
d'été à l'aneth, 100.
d'oranges à l'orientale, 214.
de bananes au yaourt et à la noix de coco, 212.
de bananes aux agrumes, 212.
de blanc de volaille au curry et au sésame, 160.
de bœuf aux poivrons, 164.

de bœuf rôti à l'huile de sésame, 166.
de boulgour aux petits légumes et à la menthe fraîche, 118.
de caille au foie gras et aux noisettes miellées, 186.
de calamars aux poivrons et haricots rouges, 152.
de carottes au miel et à la coriandre, 44.
de carottes rouges et de potiron, vinaigrette balsamique, 44.
de céleri-rave au fromage de brebis, 42.
de cerf aux légumes croquants, 164.
de chèvre au chutney de mangue, 42.
de chicorée au thon et aux olives, 132.
de chou blanc à l'orange, 40.
de chou chinois et sauce au yaourt, 50.
de chou rouge aux pommes reinette, 40.
de chou-fleur, 38.
de coques au fenouil et à l'orange, 138.
de coquillettes aux coques, 94.
de cresson et betterave, 20.
de crosnes aux moules, 136.
de farfalle aux pétoncles en chaud-froid, 92.
de fenouil au roquefort, 58.
de fenouil et de chou au thon, 132.
de feuilles amères aux pommes et au sésame, 70.
de figues au vinaigre balsamique, 194.
de foies de volaille à l'orange et aux noix de cajou, 186.
de fraises à l'huile d'olive, 200.
de fraises au miel et au quinoa, 196.
de fraises au vin épicé, 198.
de fraises et d'oranges, 198.
de fruits au parmesan, 190.
de fruits au Soho, 208.
de fruits au yaourt et au miel, 202.
de fruits chaude en papillotes, 216.
de fruits exotiques, 192.
de fruits frais, 204.
de fruits muesli, 192.
de fruits rouges à la crème de cassis, 194.
de fruits rouges au vinaigre balsamique, 196.
de fruits tièdes au basilic, 200.
de gambas à la pancetta et à la mangue, 146.
de haricots verts à la feta, 26.
de haricots verts aux champignons et crème citronnée, 30.
de haricots verts et carpaccio de haddock au vinaigre de framboise, 130.
de jambon de pays au saint-nectaire gratiné, 174.
de langoustines, 144.
de langue de veau aux pommes de terre, 170.
de légumes tièdes, 24.
de lentilles à la pomme, 74.
de lentilles au lard, 172.
de linguine au thon mariné au fenouil, 88.
de macaroni au chou chinois et comté, 86.
de mâche aux noix et aux figues, 38.
de mâche et son feuilleté à la fourme d'Ambert, 66.
de magret de canard à la poire, 178.
de Marina, 58.
de mesclun au poulet et aux tomates confites, 160.
de mesclun au saumon mariné, 124.
de mini-légumes croustillants au balsamique, 60.
de moules dans leurs coquilles, 138.
de nouilles aux poivrons marinés, 92.
de pain d'épices et foie gras, 184.
de papaye verte à l'huile d'ail, 210.
de pâtes à la mozzarella et basilic, 82.
de pâtes à la piperade, 80.
de pâtes à la sicilienne, 78.
de pâtes au pesto, 84.
de pâtes aux agrumes et viande des Grisons, 76.
de pâtes aux deux saumons, 88.
de pâtes multicolores à la grecque, 82.
de penne rigate aux gambas persillées, 78.

de pissenlits aux lardons et aux œufs durs, 170.
de poires au miel et à la menthe fraiche, 206.
de poissons, sauce romesco, 122.
de poivrons grillés, basilic et pignons de pin, 22.
de pommes de terre au thon, 134.
de pommes de terre aux oignons confits
et aux olives, 34.
de pommes de terre, 36.
de pommes et vinaigrette de miel, 204.
de poulet à l'ananas et aux cacahuètes, 158.
de poulet à la coriandre, 156.
de poulet au maïs, 154.
de poulet et tomates confites, 156.
de poulpe, 152.
de printemps, 18.
de queues d'écrevisses aux jeunes poireaux, 144.
de râbles de lapin et chèvre frais au romarin, 174.
de raie au jus de truffe, 126.
de raie et d'olives, 126.
de riz à l'ananas et jambon de pays, 98.
de riz au cabillaud et fruits de la passion, 106.
de riz au crabe, 108.
de riz au fenouil et huile de sésame, 104.
de riz au melon et magrets fumés, 108.
de riz au melon vert, tomates-cerises
et mozzarella, 102.
de riz au surimi et brugnon, 112.
de riz au thon et aux fruits frais, 104.
de riz aux avocats et pamplemousse, 112.
de riz aux crevettes et sauce avocat, 98.
de riz aux mange-tout et chorizo, 100.
de riz aux pétoncles et pommes granny, 106.
de riz blanc à la poitrine fumée et haricots
verts, 114.
de riz safrané et sifflets de poireaux, 110.
de riz sauvage à la mangue et au poulet, 114.
de riz sauvage aux gambas et coriandre, 110.
de riz sauvage aux oignons rouges et thon, 102.
de roquette aux ravioles et vinaigrette
balsamique, 20.
de roquette croquante, 26.
de roquette et bulots, 136.
de Saint-Jacques poêlées à l'aneth, 142.
de saumon à l'orange, 128.
de semoule complète, 120.
de soja au crabe, 134.
de tomates à la provençale, 32.
de tomates du potager, sauce romesco, 56.
de tomates-cerises pancetta et endives, 32.
de topinambours aux figues séchées, 30.
de torsettes aux champignons croquants, 76.
de volaille aux fruits frais, 162.
des îles, 148.
du Périgord, 180.
exotique aux gésiers tièdes, 182.
« folle » de fruits et de légumes, au saumon
fumé, 128.
grecque, 74.
marinée à la ratatouille de légumes, 28.
mexicaine à la salsa, 162.
niçoise, 72.
nordique, 168.
occitane, 180.
oranges-oignons au parfum de cannelle, 188.
orientale, 68.
parmentière aux harengs et céleri, 122.
pékinoise, 216.
périgourdine aux éclats de fruits secs, 182.
pimentée de tomates aux oignons nouveaux,
24.
printanière au chorizo, 168.
provençale, 54.
rouge et verte, 66.
thaïe, 148.
tiède de bœuf à la thaïlandaise, 166.
tiède de champignons à la saveur de thym, 22.
tiède de courgettes et de pommes de terre,
50.
tiède de poissons à la moutarde, 124.
« toute simple » de fruits frais, 218.

Sauce
aïoli, 6.
cocktail, 8.
mousseline, 8.
moutarde à la crème, 10.
ravigote, 10.
roquefort, 6.

Taboulé, 116.
au quinoa, 120.
aux agrumes et concombre, 118.
de blé aux petits légumes, 116.
Tagliatelles au gorgonzola et au jambon cru, 80.
Torsades
aux trois haricots, 84.
tomate-basilic, 86.

Vinaigrette
à la confiture de framboises, 16.
à la moutarde et aux épices, 16.
à la tomate, 12.
aigre-douce, 14.
au jus de pomelo, 12.
au yaourt épicé, 14.
aux herbes, 12.
façon asiatique, 16.
fromage blanc-ciboulette, 14.

Crédits photographiques

P. André/Nature : 9, 21, 25, 31, 43, 49, 61, 79, 87, 89, 93, 95, 97, 99, 103, 109, 111, 113, 115, 127, 129, 133, 137, 139, 141, 143, 145, 147, 149, 153, 155, 159, 163, 165, 167, 169, 175, 181, 183, 187, 189, 191, 195, 197, 199, 207, 213. **Fanny Dou :** 185. **Emma Dufraisseix :** 11. **Fotolia.com –** FOOD-micro : 179 ; M.studio : 125. **Shutterstock.com –** al1962 : 209 ; alisafarov : 71 ; Alphonsine Sabine : 217 ; AnjelikaGr : 193 ; Anna_Pustynnikova : 63 ; B.and E. Dudzinscy : 65, 157 ; casanisa : 219 ; Cgissemann : 201 ; Chursina Viktoriia : 91 ; Dar1930 : 131 ; Dream79 : 215 ; Elena M. Tarasova : 75 ; Elena Veselova : 15 ; Eva Gruendemann : 51 ; Gayvoronskaya_Yana : 41 ; HandmadePictures : 7 ; iuliia_n : 203 ; Josie Grant : 161 ; junyanjiang : 53 ; Lilyana Vynogradova : 69 ; Lisovskaya Natalia : 33 ; Liv friis-larsen : 27 ; Magdanatka : 151 ; marco mayer : 23, 123 ; margouillat photo : 67, 105, 177, 211 ; Marina Onokhina : 57 ; Marina Shanti : 55 ; mpessaris : 121 ; Nataliya Arzamasova : 119 ; nito : 173 ; olepeshkina : 85 ; Olha Afanasieva : 47 ; Paul_Brighton : 205 ; pearl7 : 117 ; Piccia Neri : 59 ; sarsmis : 35 ; Sea Wave : 19 ; SEAGULL_L : 101 ; Shawn Talbot : 81 ; Stolyevych Yuliya : 107 ; Sunny Forest : 5 ; Timolina : 29 ; Tobik : 37, 77 ; Tomo Jesenicnik : 171 ; V. Nosick : 135 ; Valerio Pardi : 45 ; vanillaechoes : 13, 17, 39 ; Vankad : 83 ; zoryanchik : 73.